教育超大国インド

世界一の受験戦争が世界一の経済成長を作る

松本陽
企画 西岡壱誠

JN197980

星海社

325
SEIKAISHA SHINSHO

はじめに

このたびは、数多くの書籍の中から本書をお手に取っていただき、誠にありがとうございます。インドと日本を行き来しながら、教育系の会社（Studious Educationといいます）を経営しております松本と申します。本書ではインドという国について、教育・受験という視点を中心にお話しできればと思っています。

本書のゴールを最初にお伝えすると、読み終えた時に「インドって何だか面白そうな国だな」、そして「日本って、やっぱりいい国だな」と思っていただけることを願って、この本を書きました。

みなさまは「インド」と聞いて、どのようなイメージを持たれるでしょうか？

私のインドに対する印象を一言で表すと「爆進する国」です。２０２４年、インドは日本のＧＤＰを追い抜こうとしています。14億人を超える人口を抱え、毎週のように新しい大学ができ、毎月のようにユニコーン企業が誕生する——そんな「爆進」と言うほかない勢いで成長を続ける国がインドです。

本書は、そんなインドという国に関わった私の経験から見えてきたインドの姿をお届けするものです。できる限り、私が実際に見聞きし、体験したことを正直に描くことを心がけました。インドのポジティブな側面だけでなく、インドという国の複雑な現実、一言では語れない困難な課題にも触れられる限り触れながらインドの持つダイナミズムを描くとともに、そこから私が生まれ育った日本という国を改めて私個人の独断と偏見で捉え直す、その考察の試みでもあります。

ここで、本書を執筆するに至った背景について少しお話しさせていただきます。私がインドで事業を始め、インドの首都デリーに移住した当初、よく耳にした言葉があります。

「え、インド？　住めるんですか？」

幾度となく言われた言葉です。それくらい、多くの日本人にとって、インドという国は遠い存在なのではないかと思わされました。他方、私が見てきた２０２０年代のインドの発展や、インドにおける教育・受験の話をすると、非常に驚かれることも多々ありました。つまり、インドという国や、インドの教育・受験事情に対して多くの日本人が持っている先入観やイメージと、2020年代の今現実にインドで起きていることのギャップが、あまりにも大きいのです。そして、ほぼ間違いなく次の言葉はこのようなものでした。

「いいなあ……インドは未来がありますね。日本はもうダメですもんね」

しかし、私はそうした言葉に、大変生意気ながらどこか違和感がありました。なぜかというと、私はインドで生活する中で、そしてインドの教育事業を推進する中で、日本の良さ、そして日本の教育の素晴らしさを実感することが、どんどん増えてきたからです。

私は学生時代から社会人以降も含めて、一貫して教育領域に携《たずさ》わってきました。京都府の公立小学校で教員を務める両親の息子として生まれた私は、小中高そして大学と日本で育ち日本の教育を受け、2012年、大学4年生のころに、ご縁があり株式会社リクルートが運営する「スタディサプリ」(当時のサービス名は「受験サプリ」)というオンライン学習サービスの黎明《れいめい》期にアルバイトとして関わる機会をいただきました。大学卒業後はそのまま社員としてリクルートに入社し、以降スタディサプリの新規事業開発や海外展開といったお仕事に従事し、7年半ほど勤めた後、退職・渡英し、1年間ロンドン大学（ユニバーシティ・カレッジ・ロンドン）の教育学研究所という、QS世界大学ランキングにて、教育学領域で9年連続世界1位の研究機関でエドテック（EdTech = Education and Technologyの略、日本語では教育工学とも言われます）の修士課程に通いました。修士課程を無事に修了した2020年から2024年3月末まで教育大手のベネッセホールディングスに在籍し、その中でインド事業を起案・事業化し、現地法人を設立して取締役としてデリーに駐在してきました。現在は、自身で教育系の会社をインドで興してトライアルをしながら、某外資系IT企業にて教育DXを推進するお仕事をさせていただいています。

このように、一貫して教育領域に身をおく中で、日本のみならず比較的さまざまな国で暮らす機会をいただいてきました。その中で、昨今の「日本はオワコンだ」という風潮に対して、部分的には理解しつつも、でもやはり「日本っていい国だよね」「日本の教育ってすばらしいよね」とも強く感じています。

「インドについての本を書きませんか？」と、本書の企画者である西岡壱誠さんから声をかけていただいた時、単に「インドのこんなところがすごいんだ」と、インド経済・教育の発展している面だけにフォーカスするのではなく、インドを知った結果見えてきた日本の良さや、そして日本のすばらしさについてもしっかりと伝えたいと、日本に生まれ、そして育った者として思っています。

本書は、インドの多面的な姿を、できる限り等身大で描こうと試みたものです。第1章では私が実際に体験したインドの姿を、第2章ではインドの経済発展とその特徴を、第3章ではその背景にある教育システムとその課題を、そして第4章では日本とインドの比較を通じて見えてきた中での私なりの示唆を、それぞれ見ていきます。

ただし、一つ重要な注意点があります。本書で描かれるインドは、あくまでも私が体験した「限定的なインド」に過ぎません。22の公用語と数百の方言が存在し、様々な宗教や民族が共存する極めて多様な国を、一口に「インド」と広く語るのはかなり無理があると私は考えています。同じインドという国に暮らしている日本人同士でも、各々が向き合っている産業や地域などによって文字通り千差万別の、様々な表情が見えてくる国であり、本当に同じ国で暮らしているのだろうかと思わずにはいられないくらい、その見えている景色は多様なのです。

その意味で、私が主に関わっているのは、「主に北インド（デリーやその周辺）」の「都市部」の「教育産業」という限られた領域であり、繰り返しですがインドのごく一部に過ぎません。本書ではそれを、あくまで便宜的に「インド」と表記していますが、インド全体を語ることができているわけでは決してないですし、他の書籍やメディアでインドについて語られている内容を否定するものでも全くございません。そんな、何度でも味わい深い、そして奥深いインドという国で私が目の当たりにしている生々しい世界に、お連れさせていただければと思います（あくまで私が見た限りの、インドのごく一部ですが）。

私は、インドと接点を持つ中で、インドという国も、そして日本という国も、ありていな表現ですがとても好きになりました。それは私にとってとても嬉しい喜びであり、これを読んでいただいたみなさまにおかれましても、少しでもこの両国をこれまでより少しでも身近に感じていただければ著者として本望です。

今、世界は大きな転換点を迎えています。人口減少と経済の停滞に直面する日本、そして猛烈な勢いで発展を続けるインド。この二つの国は、まるで対照的な姿を見せているかのようですが、互いに学び合えるものが必ずあるはずです。本書が、そのような気づきのきっかけとなれば幸いです。

目次

はじめに　3

第1章　想像と全く違っていたインド初体験　13

毎週新しい大学ができるほどの教育熱　18

トップ大学を出れば1年目の年収8000万円　24

第2章 インド躍進の秘密 29

今やどの国も無視できない超大国インド 30
宗教・言語・カーストなどに見るインドの多様性 34
とにかくよく喋るインド人 38
ノーと言わないインド人、インド人におけるイエス／ノーの意味 41
「富豪」のレベルが本当に桁違い 46
インド展開を目指す日本企業 52
インドはスタートアップ大国 60
世界のリーダーは徐々にインド人に 70
ジュガール精神とは何か 76
ごった煮のデリー 79
IT界の中枢バンガロール 84
カーストについて 93

第3章 インドの教育――世界最大の受験競争が生む光と影 97

不正が横行するほどのインドの受験戦争 98
受験は人生を変える手段 101
名門大学を出れば1年目で年収8000万円も夢ではない、しかしほとんどの大学は…… 105
格差をなくすためのインドの教育改革 110
理数系教育とビジネス教育を融合させたインドの基礎教育 112
数学に見るインドと日本の教育の違い 119
予備校の街コタと「ダミースクール」 123
ダミースクールが流行する理由 126
受験戦争の中でインドの子どもが目指すもの 129
受験の闇「セブンイヤーズ・トラウマ」 134
今のインドは高度経済成長期の日本 139

第4章　インドから見えてくる日本の未来　松本陽×西岡壱誠　141
インドから見た日本は「いい国」　147
日本の教材はインドで高評価　153
トッパーの実態　159
インドの教育は平等ではない　164
インドの超トップ層は国外に行く　169
日本がインドから学ぶべきこと　173
受験体験がスタートアップへの挑戦につながる　178
「普通」「当たり前」がないインド　181
おわりに　185

第1章

想像と全く違っていたインド初体験

私がインドと最初に接点を持ったのは、2020年の10月でした。

これはつまり私がベネッセに中途入社したタイミングなのですが、当時ベネッセでは決算発表なども含めて「国内だけではなく、海外に打って出ていかねば」という発信もあり、そのもとで海外展開を検討するプロジェクトに参画することになり、その検討国の一つがインドでした。

当初は新型コロナウイルスのパンデミック真っただ中で、日本とインドを気軽に行き来することができず、基本的にはフルリモートで、インド現地でのパートナーとなりうる人物を見つけ、インドの学校さんに対してベネッセはどのようなご支援ができるのか、検討していました。そんな中、約半年後の2021年3月頃、ようやく新型コロナウイルスの状況が少し落ち着きを見せ、そしてトライアルをリモートベースで重ねる中で、仮説として見えてきた事業モデルをより具体化していこうということになり、「いつまでもフルリモートをやっていてもしょうがない。まずは出張ベースでもいいからインドで仕事をしよう」と、この仕事で初めてインドに行くことになりました。

日本から約10時間近くかけて、初めてデリー国際空港に降り立った日のことです。空港からホテルのある「エアロシティ」地域に向かうタクシーの中で、「あれ……?」と思いました。エアロシティは、ホテルやオフィス、そして一部のモールやレストランしかない、「街」というよりは「区画」に近い地域ですが、車窓からの景色に「インド、めちゃくちゃ綺麗じゃん？」と思わずにはいられませんでした。

コンビニはある（「24Seven」というお店です。日本人が聞くと思わずクスッと笑ってしまう名称ではないでしょうか）、地面は整備されていてとても歩きやすい、総合商社も含めて日系企業がたくさん入っているビルもある、日本食レストランもあり、味もとても美味しい。お酒も飲めるし、それに種類もたくさんある。ＥＶ（電気自動車）のチャージスポットも、日本の比ではないくらい至る所に設置されており、走っている車は主に日本車と外車、そしてその3分の1くらいが電気自動車。**「俺はもしかして、シンガポールかどこかに間違って降り立ってしまったのではないか」**——そう思わずにはいられない第一印象でした。

元々聞いていたインドは「街中を牛が歩いている」「渋滞がひどすぎる」「シャワーからでる水で風邪を引く」などなど、どこまで本当なのかと思わずにはいられない、想像を絶するような環境で、そうした状況を覚悟した上でインド

エアロシティの様子

に降り立ちました。しかし、私がインドで受けた第一印象は、その真逆だったわけです。

もっとも、エアロシティという場所は、インドの中でもかなり例外的な場所であると後ほど知りました。その後、インドの様々な街を巡《めぐ》る中で、例えばオールドデリーのような想像通りの昔ながらのインドらしい街並みや風景が広がっている場所もあれば、エアロシティとはまた違った観点での「想像と真逆のインドの都市」も多数見つけるようになります。特に、デリーの隣街であるグルガオン（公称グルグラム）の高層ビルが立ち並ぶ様子や、バンガロール（公称ベンガルール）を中心とした南インドのIT都市・スタートアップ施設などに足を運ぶ中で、想像を絶するほどに発展した、すばらしい施設が立ち並ぶ場所や、まさに今建設中の最新施設がたくさんあることに驚愕《きょうがく》させられたのです。

そしてもう一つ、インドに着いて最初に驚愕したことが大気汚染でした。特に北インドにおいて深刻な問題ですが、とにかく大気汚染がひどいです。冗談ではなく、**本当に「空が見えない」のです**。

どのくらいひどいかというと、例えばデリーなどの北インドの都市で1日暮らすことは、1日にタバコを50本から60本吸うのと同じくらい肺にダメージを与えるとの研究結果が公表されています。街を歩いているだけで胸の中が痒《かゆ》い気がしてきますし、実際車を運転していても、時期によっては前が見えないくらいひどいです。私は2024年を以《もっ》てベネッセを退職し、現在は日本とインドを往復する形で、インドにいる頻度《ひんど》はこれまでより少し低めにはなっているのですが、今でも咳《せき》がとまりません……。

これは言葉だけで説明しても信じてもらえないかもしれない話なのですが（冒頭からそんな話ばかりで恐縮ですが……）、デリーで私が見た信じられない光景の一つは、「トラックの運転席の前（外側）に人が乗っていて、その人の道案内に従って運転する」というものでした。大気汚染がひどすぎて運転席からだと前が見えず、人間が人力で方向確認し、運転手を案内していることもあるのです。しかし、デリーに住む人たちにとっては、大気汚染がひどい時期にはよくある光景なのだそうです。

ふと、「どれくらい大気が汚染されているんだろう？」と気になった私は、大気汚染のグローバルな指数「ＡＱＩ」を測っているアプリを開いてみました。エリアにもよりますが、日本はだいたい平均30未満で安定しており、人口1億人以上の国としては、国際的に見ても相当に空気が綺麗《きれい》な国と言えます。一般的に「空気が悪い」と言われるのは指数が80～100くらいで、それを超えると危険だと言われています。

さて、デリーはどれくらいだったと思いますか？

正解は、1000以上です。

秋・冬には1300くらいあった時もあります。WHOの基準値の「100倍」です。インドを訪れたことのない方にはなかなか信じてもらえない話なので、スクショもお見せしましょう。

アイコンがガスマスクをしていますね……。

「なんだ、この国は？　一体どうなっているんだ？」

というのが、私がインドに降り立ってまず感じた、素直な感想でした。

インド・デリーの大気汚染を示すアプリ画面

毎週新しい大学ができるほどの教育熱

さて、圧倒されるだけでは仕事になりませんから、私はインドの教育や学校を調べることにしました。まずはホテルでインドの新聞に目を通してみます。一見すると新聞の内容は日本と大きな差がないように感じられたのですが、その中でふと、気になるニュースがありました。

「新しい大学ができました！」

なるほど、インドは人口が多く、大学受験をする生徒の数もどんどん増えているだろう。大学も不足しているから、新しく大学ができているんだな、と納得したのですが、しかし次の日の新聞を見て、私は衝撃を受けます。

「新しい大学ができました！」

ん、昨日も読んだぞ？　と思い、ホテルの人に頼んで前の週の新聞を見せてもらうと、やはり「新しい大学ができました！」というニュースが書いてありました。その前の週も同じです。

要するに、インドでは毎週毎週、新しい大学ができているのです。かつ、その規模も、小規模大学のそれではなく、**生徒1万人規模の大学が、毎週2つずつくらいの頻度で、次々と作られています。**それなのに別の記事では、大学が増え続けているそのトレンドに対して、多すぎる・速すぎるのではなく、むしろ逆に「今のペースのままでは大学の数が足りず、インド政府が問題視している」と書かれており、目を疑うばかりでした。第3章で改めて書きますが、インドでは2020年から、NEP2020という大規模な教育改革が走っています。その目標の一つに「大学の民主化」があり、現在26％ほどの大学進学率を50％にする、それと関連して、大学を含めて高等教育機関の数を今の倍以上の13万にする、というプロジェクトです。日本では少子化が進み、大学の統廃合や募集停止のニュースが頻繁に聞こえるようになってきましたが、その一方で、インドでは真逆と言って差し支えない状況が起きている。日本人の私としては「インドの今って、こんな状態なのか……すごいな……」と戦慄《せんりつ》したのを覚えています。

ではは学校はどうなっているのでしょうか。ベネッセインディアは今も事業運営をしているので、本書ではその提供サービスにあまり具体的には触れませんが、会社のホームページの内容を中心に言える範囲でお伝えすると、主にインドの学校支援サービスをお届けする事業を運営しており、私もインドの学校に足を運ぶことがよくありました。私が最初に訪れたのはデリー首都圏の私立学校の一つで、首都圏の中でもお金に余裕がある親御さんが多く、アッパーミドルからアッパー層の家庭の子が中心の学校で、学力的にはトップ10%くらいの学校でした。

訪れてまず率直に思ったのは、「日本と全然変わらない、っていうか日本よりも環境がいいんじゃないか」ということでした。机も日本の学校と同じようなもので、教室の後ろや廊下には至る所に、偉人の格言・名言が綺麗に印刷されたポスターが貼られていました。そして当たり前のように、パソコンルームには最新のマックブックが一人一台ずつ置かれであり、さらには理科室のような場所には、STEAM教育用かと思われる、様々なロボット系の器具が所狭しと置かれているなど、設備的には日本よりも揃っているのではないかと感じました。

その上で、生徒さんを観察していて驚かされたのは、「基本的には休み時間もずっと勉強している」ということでした。みんな非常に勤勉で、休み時間だろうと関係なくずっと机に向かっている生徒が半分以上でした。もちろん日本にもそういう学校があるとは思いますが、それにしても頑張っているな、と感じました。クオーター（四半期）ごとの学力テストでクラスが分けられるそうで、そこで上位と下位が分かれてしまうので頑張っているのだとか（インドのすべての学校がそうなのではなく、都市部を中心としたアッパーミドル層以上の私立の場合と私は理解しています）。初めてインドの学校を訪れた感想としては、月並みな感想ですが「日本だけでなく、インドにおいても、勉強・受験ってすごく大事なんだな」というものでした。

これだけなら「まあ、日本でもこういう学校はあるもんな」という

インドの学校で学ぶ生徒たち

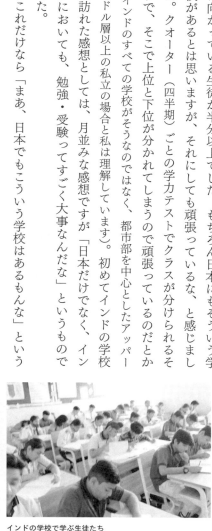

話で終わるかもしれません。しかし、学校から出た時、街中であるものを見つけました。

それは一枚のポスターでした。若者の顔が大きく写されているポスターで、遠くから見ると選挙ポスターと見分けが付きません。でもそれは、とある大学の合格者のポスターだったのです。その大学とはインドのトップ大学であるインド工科大学（भारतीय प्रौद्योगिकी संस्थान、Indian Institute of Technology、ＩＩＴ）です。いわば日本で言う東京大学のような大学です。その大学の合格者たちのポスターが並べられていたのです。現地の人に「なんでこんなものが飾られているの？」と聞くと、こんなふうに答えられました。「これはね、この街の誇りなんだよ。これだけの若者がこの街から合格した、という誇りなんだよ」と。つまりは、日本で言うところの大谷翔平さんや藤井聡太さんのような扱いです。それだけ、大学受験に対する比重は重いのです。

インドの学習塾に足を運んだ際にも、大学受験に対する比重の重さを感じさせられました。空気感が違うし、気迫が違う。**ただ勉強しているだけではなく、10代の子が本気で、「人生を賭けて」勉強しているのです。**ひたすら勉強で、それ以外のことは目もくれない、そんな文字通り、鬼気迫る様子で勉強している姿を、目の当たりにしたのです。

貼ってあるポスターも印象的でした。「人気職業ランキング」が壁に掲示されていたのですが、その序列は①エンジニア②医者③大学の先生④オリンピックメダリスト⑤トッパーといった具合です。メダリストよりも、エンジニアや医者・大学の先生が上なのです。中でもエンジニアと医者の人気は圧倒的です（理系が強いインドにおいて、弁護士や経営コンサルタントなど、いわゆる文系の職業は一切入っていません）。ちなみに⑤のトッパー（Topper）とは、インドにおいて日本の「大学入学共通テスト」のような位置付けの試験であるClass 10 Board ExamおよびClass 12 Board Examにおいて満点をとった生徒のことです。日本では考えられませんが、その共通テストで満点もしくは限りなく満点に近い点数をとると、新聞にその生徒の名前と点数、所属する学校や塾の名前が掲載されます。個人情報は一体どうなっているんだ、と思わずにはいられませんが、トッパーはさながらオリンピックのメダリストと同格のような扱いを受けていて、若者たちやその保護者にとっては強烈な憧れの存在なのです。

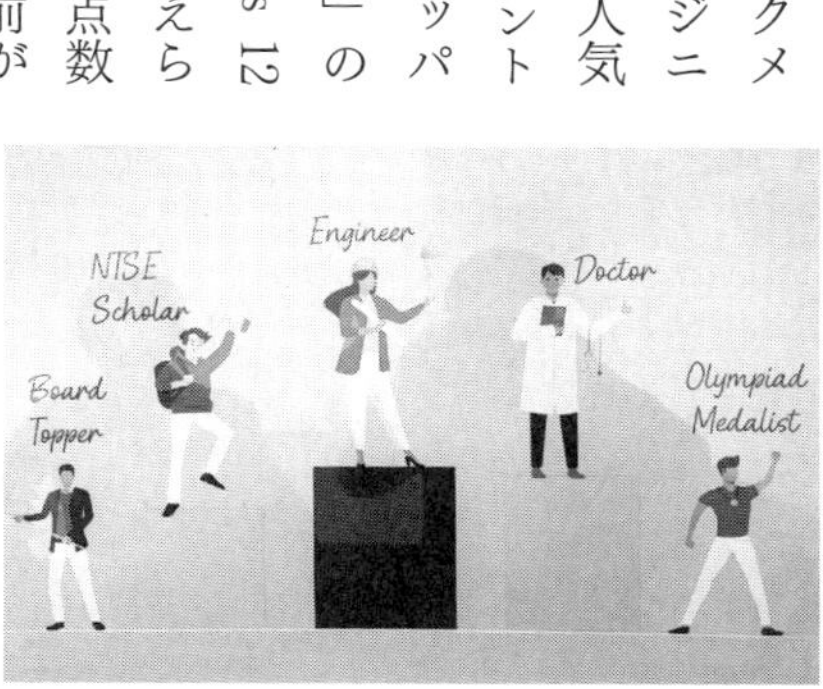

人気職業ランキングにはトッパーが入っている

トップ大学を出れば1年目の年収8000万円

なぜ、それほどまでに勉強の比重が高いのでしょうか。これには、歴史的に様々な事情が複雑に絡み合っているので、一概に「これが理由です」と言い切るのは非常に躊躇《ためら》いもあるのですが、そう言っても何も始まらないので、あえてかなりシンプルに言語化するとすれば、**「勉強によって生活が豊かになる」ことが、多くのインド人にとって共通認識になっているから、**と私は考えています。

具体的に言えば、先述のインド工科大に合格し、コンピューターサイエンス（情報工学）の学位を取得して卒業する学生には、グーグルやアップルをはじめとした世界中のトップ企業から高額のオファーが届きます。大学卒業後のいわゆる新卒（日本以外の国に新卒という言葉はありませんが）での平均年収は日本円換算で2000万〜3000万円とも言われており、インド工科大が公表している、2023年度の学部卒で最も高額なオファーを獲得した人の初年度年収は約8000万円だったとのことです。8000万円……頭がクラクラするような大金ですが、このレベルになってくると、本人のみならず、保護者やおじいちゃんおばあちゃんまで、3世代もしくはそれ以上を一生養うことができる十分な額を、学部卒で手に入れられるということになります。

もちろんインド工科大だけがインドの大学ではありませんし、年収などのインセンティブだけが勉強を頑張るモチベーションではない、というのはもちろんそうなのですが、これだけ並外れた経済的・金銭的インセンティブが、勉強が好きであろうがなかろうが、子どもたちを勉強へと邁進《まいしん》させる強烈なドライバーになっていることは、現代インドを象徴する光景の一つと言わざるを得ないでしょう。

これらの環境は、塾だけではなく、街全体で用意されています。インドは企業や自治体が教育資金を全面的に支援することが大きな特徴です。これは、寄付や施しの文化が根付いていることに起因しています。街をあげて受験を応援するカルチャーがあり、企業も売り上げの一定額をCSR（企業の社会的責任）として寄付しなければならないため、奨学金がかなり充実しています。

訪問先の学習塾から帰ろうとした時、こんなことが書かれたポスターを見つけました。

「勉強がすべて。勉強してインド工科大に行けば、人生が変わる」

なるほど、こういう価値観がインドの塾や学校では日常的に刷り込まれているのかと非常に強く痛感させられたのでした。

やがて、デリーに駐在するようになった私は、デリーに限らず、バンガロールやムンバイなどの他都市や、その周辺地域に隣接する規模がやや小さめの都市（インドではティア2、ティア3の都市と呼ばれています）も含めて、インドの様々な地域を見て回ることになります。ティア1と呼ばれる都市部は、インドに10くらいあるのですが、そこはもう先進国と何も変わらないと言っていい。その一方で、そこから離れて遠方の地域に行くと、ある意味、私が当初想像していたインドそのままの場所も、まだまだ無数に存在していました。インドの国土面積は日本の約8・7倍とはるかに広く、人口も日本の10倍以上です。

そしてなんといっても、日本と比べ物にならないほどの格差社会です。色々な意味で格差は非常に大きく、そして深いです。一口にインドと言っても、インドのどの都市、どの産業、どの領域を切り取って語るのかによって、全然話が変わってくるわけです。デリー・グルガオン・バンガロールの街並みは、もはやある種、先進国よりも先進国らしいですが、そこから1~2時間ほど車を走らせた先の街では、まだまだ牛に荷物を運ばせていて電気も通っていないような場所も存在していたりもするわけです。一方では先進国の人よりも先進国の暮らしを楽しみ、一流の大学でエンジニアとして活動すれば年収1億円も全く現実味のない数字ではない、その他方で、年収的な意味で言えば、その対極にある生活をされている方も、またザラにいるのです。

「**勉強がすべて。勉強してインド工科大に行けば、人生が変わる**」。

私は、この言葉の意味が、インドで事業をする中で、少しずつ理解できるようになってきました。この極端すぎる格差の中で考えれば、確かに「勉強がすべて」なのかもしれない、勉強が、この国に残された最後の平等なのかもしれない、と。

後述しますが、この競争に勝ち残ってきたインド人は本当に優秀で、世界を牽引《けんいん》するような能力を有しています。2025年、日本のGDPを超えることがほぼ確定しているこのインドという国の人たちが、今や世界のIT企業・マイクロソフト、IBM、スターバックスなどの経営陣・社長の少なくない割合を占めるようになりつつあります。

「もっとインドについて知らないと、調べないとならない」

最初のインド渡航は、私にそんな使命感を与えたのでした。

次の第2章では、私が経験し、調べたインド経済躍進の実態とその秘密についてお話ししていきたいと思います。

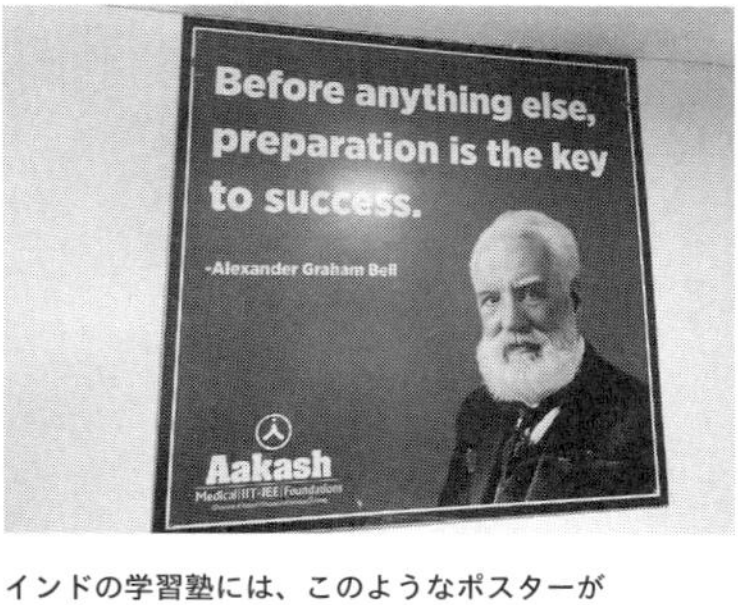

インドの学習塾には、このようなポスターが至る所に貼られている

第2章 インド躍進の秘密

今やどの国も無視できない超大国インド

みなさんは、「世界一の国」というと、どこを想像されますでしょうか？

経済大国アメリカでしょうか？　面積という意味ではロシアも考えられますし、人口という意味では中国を想像する人もいるでしょう。しかし実は、人口という意味でも経済という意味でも「インドが世界一」と言える時がもうすぐやってくるのです。インドについて語る際**「10年前と5年前と1年前で状況が全然違うため、いつの時代を語っているのかを正確に言及しないとミスリードが起きる」**と言われるくらいです。

まず人口に関して。2022年、世界一だった中国の人口はついに減少に転じました（2023年統計データで14・26億人）。それと入れ替わるかのように、2023年に世界一に躍り出たのがインドです（2023年統計データで14・29億人）。インドの人口増加は、国連の推計によると今後2060年前後まで続き、その頃には17億人前後まで増加すると試算されているなど、しばらく勢いは衰えません。ですので、これからの地理の教科書にはしばらくの間ずっと、「人口世界一はインド」と書かれ続けることでしょう。日本にいると実感が乏《とぼ》しいですが、**世界の人口82億人のうち、中国とインドで約14億人ずつで合計28億人、つまり世界の人口の3分の1が今や中国人かインド人**なのです。

少し個人的な話になりますが、私は2019年夏から約1年ほど、リクルートを退職・渡英して、ロンドンで大学院に通っていました。そこで、Pre-sessional コースと呼ばれる、修士課程の前に行われる留学生向けの6週間ほどの準備プログラムがあるのですが、**それに参加していた300人の学生のうち、なんと280人が中国人かインド人でした。**もちろんそれは留学生向けのプログラムなので、イギリス人を含むヨーロッパ在住の学生がいなかったためですが、中国人とインド人の数に本当に圧倒されてしまい、私は本当にロンドンにいるのだろうか、それとも北京かデリーに降りてしまったのではないかと思った記憶が今も鮮明に思い起こされます。尚、一緒に参加していた南アフリカ人のコースメイトにその驚きを伝えたところ「地球の縮図としては大体合ってるんじゃゃない？」とサラッと返されたのですが、確かに地球の人口規模・統計データから考えれば、さもありなん……ということをまざまざと実感させられた体験でした。

次に経済に関して。インド経済の成長は目覚ましく、国際通貨基金（IMF）の予測によると、2026年にはGDPで日本を追い抜き、世界第4位の経済大国になると見込まれていましたが、円安の影響で2025年に早まりました。つまり、①アメリカ②中国③ドイツ④インド⑤日本という順になります。この前、日本はドイツに抜かれたばかりですが、この予測が実現すれば、長年世界第2位だった日本は、わずか数年でインドにも追い抜かれることになります。インド経済は今後も引き続き年率6～7％での経済成長が見込まれており、2028年にはドイツさえも追い越して世界第3位になるという予測も出るなど、その勢いは当分続くと予想されています。まだまだ日本の順位は下がり、一方でインドは上がっていくことでしょう。

人口構成を見てみましょう。左ページのデータをご覧ください。

14歳以下の子どもが25％と、若者が圧倒的に多いこともインドの大きな特徴です。私は教育領域での仕事を生業《なりわい》とさせていただいているため、小中高の生徒数について特に敏感なのですが、日本では一学年あたりの生徒数は数年前に100万人を割り込み、2024

GDP 総額の世界上位国 (単位：10 億ドル)

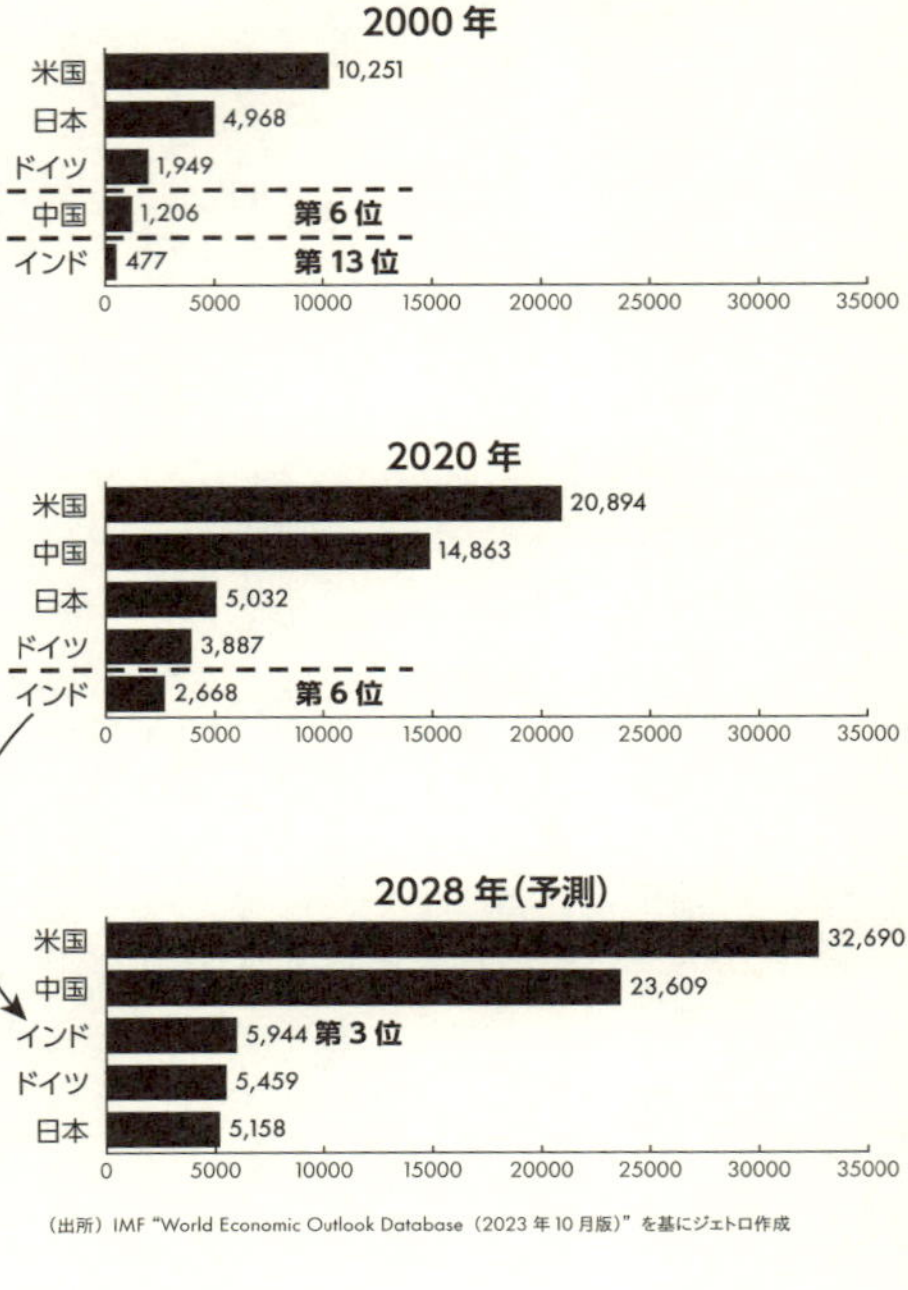

（出所）IMF “World Economic Outlook Database（2023 年 10 月版）” を基にジェトロ作成

年時点での新生児の数は70万人を割った、ということがニュースになっていました。一方インドは人口の約65％が35歳以下という若者大国であり、一学年の生徒数は３５００万人です。これは本当に驚くべき数字で、一体このデータは合っているのだろうか？ と思わずにはいられませんが、インド人の同僚に聞くと「多分だけど……もっともっと多いんじゃない？」と一笑されてしまいました。いわく、インドは農村地域など、統計のカウントが行き届いていないケースも散見されるので、実際の数字はもっと多いのかもしれないそうです。このように、統計の精度が不明という前提はありつつも、**日本では小中高で、一学年およそ１００万人であるのに対して、インドは３５００万人、単純計算で生徒数に35倍の違いがあります。**さらに言えば、生産年齢人口（15～64歳）の増加が、今後数十年のさらなる人口増加（結婚・出産による）に寄与すると予想されており、世界銀行のデータによると、世界の子どもの5～6人に1人はインド人となるようです。日本の35歳以下

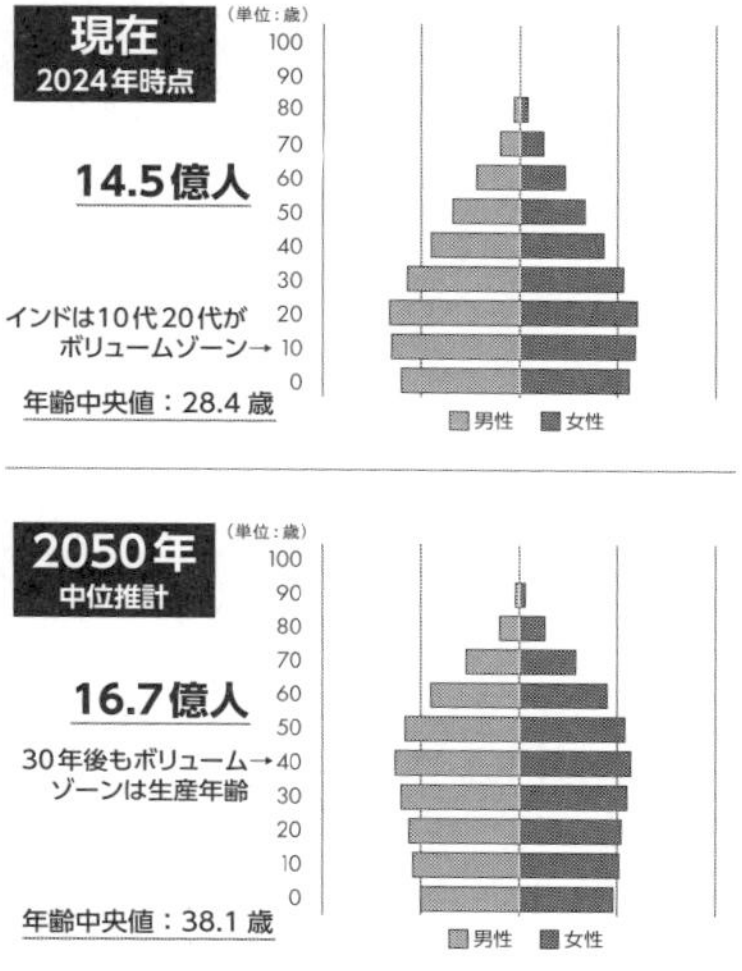

（出所）国連人口推計（2022年改訂版）より作成。上記データは中位推計。

インドの人口構成

の人口割合が約12％なのと比較すると、いかに「若い」国であるかがわかります。

この若い世代が、今後のインドの経済成長や技術革新を支える原動力となることは間違いありません。そうした意味でも、これから世界において、インドの及ぼす影響力と存在感はますます強まっていくことが予想されるのです。

宗教・言語・カーストなどに見るインドの多様性

もう少し、インドという国について深く考えていきましょう。インドは、22の公用語と数百の方言・様々な宗教や民族が共存する、多様性に富んだ国です。2011年の国勢調査によると、宗教別人口はヒンドゥー教徒が約80％、イスラム教徒が約14％で、次にキリスト教徒、シク教徒、仏教徒、ジャイナ教徒などが続きます。

この宗教的多様性に加えて、言語面での多様性も特筆すべきものがあります。インドの憲法で認められている22の公用語には、ヒンディー語、ベンガル語、テルグ語、タミル語などが含まれますが、実際には1600以上の言語が話されていると言われ、その中には100人未満しか話者がいない言語も存在していて、言語的多様性も豊かです。そのため、例えば結婚する時に、新郎と新婦のご両親がそれぞれ違う言語しか話せず両親同士が会話できないケースも少なからず起きるとか。そのため、それぞれの第一言語は可能な限り使わず、共通言語である英語で話すようにする……といった現象がしばしば見受けられます。インドで英語が準公用語として認められている背景には、このような、日本人には直感的にイメージしづらいような状況が横たわっており、そのくらい独自の文字体系と豊かな文学的伝統を持っています。

また、やや触れづらいテーマではありますが触れずに通るわけにはいかないのが、インドの歴史に横たわるカーストの存在です。

法的には廃止されたこの制度も、その影響から考えると、現代インド社会においても、やはり重要な要素の一つと言わざるを得ません。農村部では依然としてカーストが社会的階層として機能しているとも言われており、結婚や就職などの場面で影響を及ぼしています。また、カーストの残滓《ざんし》は農村地域に限らず、スタートアップにおいてファウンダー（創業者）が上流階級の出身かどうかを見られるという話も、どこまで事実かはわかりませんが、私自身、そのようなことを見聞きしたことも、少なくありませんでした。政府は「留保制度」と呼ばれる積極的差別是正政策を通じて、低カーストや指定部族の社会的包摂を推進していますが、その効果と課題については、様々な議論が続いています。

こうした様々な意味での多様性が深刻な社会的課題を生み出す、ということも正直あります。本書では、インドのこうした歴史的・文化的な闇の部分について積極的に触れることはしませんが、こうした複雑に階層を織りなす歴史背景や文化背景が、多様な視点や観点が交わらざるを得ない環境下として形作られ、それが、インドの創造性や適応力の源となり、新しいアイデアや解決策が生まれやすい環境が整いやすくなる引力が働く……という側面も、もしかしたらあるのかもしれません。

インドの多様性は食文化や芸術にも反映されています。北部のムガル料理、南部のドーサやイドリなど、地域ごとに特色ある食文化が発展しており、例えばカレー一つとってみても、各エリアに足を運ぶごとに、地域ごとに味つけ・スパイスの調合が全く異なり、そのそれぞれがとても味わい深いものです。

ちなみに少し脱線しますが、北インドで長年、日本人駐在員の家にシッターさんとして従事されてきた方のお話を伺《うかが》ったことがあるのですが、その時に聞いた話が、インドの食文化の奥深さ・複雑さと、その日本とのコントラストがとても面白いものだったので、紹介させてください。その方曰《いわ》く、

- インド：インド人の家に勤めるのは本当に大変だ。なぜなら、出自の地域によって食文化や味つけが異なり、それぞれの味に合わせにいくためのスパイスの調合も非常に難しいし手間がかかる。要求も難しいし、少しでも求められる味つけが違うとこれでもかと罵倒《ばとう》される。
- 日本：日本人の家に勤めるのはとてもハッピーだ。日本にはダシというものがそもそもあり（日本食スーパーで手に入れることができます）、それに醤油《しょうゆ》と砂糖とみりんを混ぜることで、大体求められる味つけになる。そして手間がかからない上に、日本人はインド人のような無茶な要求をせず、美味しい美味しいと食べてくれる。だから私はもう30年以上、日本人駐在員の家だけを渡り歩いている。

ということでした。

芸術面でも、古典舞踊のバラタナティヤムやカタックから、現代的なボリウッド映画まで、多様な表現形式が共存しています。特に注目すべき近年のボリウッド映画として、『RRR』（2022年）が挙げられます。この作品は、インド独立運動期を舞台に、二人の革命家の友情を描いた叙事詩的な作品で、その壮大なアクションシーンと音楽で世界的な注目を集めたりもしましたよね。

　このような、多様性を包含しながら一つの国家として機能していることは、インドの民主主義の成功を示す証でもあります。世界最大の民主主義国家として、様々な意見や文化的背景を持つ人々が対話を通じて共生する方法を模索し続けているのです。もちろん、宗教間対立や言語をめぐる政治的緊張など、課題は依然として存在しますが、それらを民主的なプロセスを通じて解決しようとする姿勢は、他の発展途上国にも重要な示唆《しさ》を与えています。

とにかくよく喋るインド人

「国際会議で一番難しいのは、インド人を黙らせ、日本人を喋《しゃべ》らせることだ」


　これは様々な国際会議における笑い話としてよく引用される言葉ですが、この一見ユーモアに溢《あふ》れた表現は、日本企業の社員としてインドで仕事をしてきた身としては、とても実感できる言い得て妙な言葉であり、何より異文化コミュニケーションの本質を突いた、極めて示唆に富む観察であるとも言えます。

　私が初めてこの「現象」を目の当たりにしたのは、私がベネッセにジョインし、初めてインドのリサーチ会社とのキックオフミーティングに参加した時のことでした。予定では60分の会議で、アジェンダは4項目か5項目。これが十分な時間配分だと思っていました。ところが、一つ目のアジェンダであるプロジェクト概要の説明に、インド側のリサーチ会社のマネージャーが55分を費やしてしまったのです。繰り返しますが、会議時間は60分です。それも、誰かが遮ろうとする素振りを見せると、「Just one more point…（もう一点だけ……）」と言いながら、さらに話を展開していく……。結局、残りは次回に持ち越しとなりました。当然ながら、日本人メンバーが発言する機会はほとんどありませんでした。

なぜそんなに話すのか。その理由には、インドの教育システムや文化的背景があると私は考えています。あくまで私個人の意見ですが、インドの学校教育では、ディベートでいかに発言ができるかや公の場でのスピーチの出来が相当程度に重視され、とにかく「自分の意見を表現できるだけ表現すること」が、ある種の知的能力の証の一つとして評価されているように思えてなりません。ある時、インドの同僚に、意を決して「なぜそんなに長く話すの？」と率直に尋ねてみたところ、彼の答えは単純明快、そして私にとって非常に印象的でした。

「話さないと、考えがないと思われかねないじゃないか？　それに、議論こそが理解を深める最良の方法だと信じている」

そのくらい、**議論をするということ、議論をし尽くすということが重要だと考えられている文化**なのだと思い知らされました(たとえ、こちらが差し込む余地が一見まったくないように見えて、さらに、会議時間が大幅に延長しようとも……)。

また、インドのこの「おしゃべり」文化は、**実は数千年の歴史を持つ口頭伝承の伝統に深く根ざしてもいます**。古代インドでは、ヴェーダ(聖典)やウパニシャッド哲学など、**重要な知識はすべて口頭で伝えられてきた**、と言われています。教師から生徒へ、対話を通じて知識が受け継がれていく、質問と応答の連続的な対話を通じた伝統的なコミュニケーションによって真理に到達するとされており、この伝統は、現代のビジネスミーティングにも色濃く反映されているように思うのです。

日本側が準備した簡潔なプレゼンテーションの後、インド側の延々と続く質問や議論が、当初は正直煩わしく感じてしまったこともありました。しかし、その過程で予期せぬ課題や解決策が見つかることも、実際少なくなかったのです。私とともにベネッセインディアの初代取締役になったヘマント・ジョシ(Hemant Joshi)からは「**話し合うことはお互いの考えを整理する手段であり、同時に相手への敬意を示す方法でもある。逆に言えば、沈黙**

は、無関心や拒絶のサインとして受け取られかねない」と言われました。インド人の饒舌《じょうぜつ》さは、時として日本人ビジネスパーソンを戸惑わせますが、しかしながら、その背景にある文化的な価値観を理解し、適切にマネジメントすることで、むしろ建設的な議論や良好な人間関係の構築に活かすことができるとも言えます。このような特徴を「問題」として捉えるのではなく、異なるコミュニケーションスタイルとして理解し、両者の長所を活かす方法を見出すことが重要なのです。その意味で、冒頭の「笑い話」は、実は異文化ビジネスの本質を突いた、深い洞察を含んでいると私は考えています。

ノーと言わないインド人、インド人におけるイエス／ノーの意味

インドでビジネスを行う上で、最も戸惑う文化の一つが「イエス／ノー」に対する考え方と言われるのですが、私もそれに大いに同意します。インドに住む日本人駐在員の多くが一度は経験する（ほとんどの場合は一度で済まないのですが……）**「なぜイエスと言ったのに……」という困惑**は、実は日本とインドの文化における根本的な認識の違いに起因していると私は考えています。

私が赴任して間もない頃、ある重要な商談の進捗について、営業チームの一人に確認し

た時のことです。

「このクライアントとの商談、順調に進んでいる？　特に問題はない？」

「イエス！　すべて順調です。来週には契約できると思う」

彼の自信に満ちた笑顔と明るい返事に、私も安心していました。しかし、実際に確認してみると、クライアントからは基本要件についてさえ合意を得られておらず、価格面でも大きな隔たりがあることが判明したのです。

この経験について、インドで20年以上のビジネス経験を持つ日本人の先輩に相談したところ、興味深い説明を受けました。

「インド人は、0.0000000001%でも可能性があれば、イエスと回答する」

最初は、いくらなんでもさすがにそれは言い過ぎではないかと思いましたが、しかしその後の3年間で、この解釈が決して誇張でもなんでもなかったことを、身をもって理解することになりました……。

困難なことが明白な状況でも、多くのケースでインド人のチームメンバーは「イエス」と答え続けます（全員がそう、というわけではもちろんありませんが、あくまで、私が経験した限り、という前提において）。後で個別に話を聞いてみると「不可能ではないから」「何かの方法で間に合うかもしれないから」という返答。つまり、彼らの中では「完全に不可能でない限り」それは「イエス」なのでしょう。そこでさらに具体的な実現方法を尋ねると、「それは後で検討します」という返答に終始する、といった具合です。

他にはこんな話もありました。コロナ禍やロシア・ウクライナ問題の影響も受け、ある案件で必要な上質紙が品薄で在庫がなかなかない、という時に、インドのとある会社に問い合わせをしたところ、堂々と「あります！」と返事がありました。本当かと何度と確認しても、「大丈夫だ！」——それを信じて発注したところ本当に納品され、「おっ、本当にあったんだ」と思ったら、その製品の箱の中に、**なんと上質紙どころか紙ですらない、全く別の製品が入っていました。**

すぐに担当者に連絡すると、「オーダーされた上質紙はまったく在庫がないから、違うものを送っておいた。何も届かないと困るだろ?」と言います。

そ、そりゃそうだ、そりゃそうなんだけど、それならなぜ初めから在庫がないと言わないんだ……。そう思って訊《たず》ねると、「ないと言ったら、話がすべて終わってしまうじゃないか、君のビジネスも」——そ、そりゃそうだ、そりゃそうなんだけど、いやいや、それはそうなんだけど……今もっともっと困ってるんですけど。在庫があるというのでお客さんから受注しちゃったし、この製品も発注しちゃったし。でも違う製品が来ちゃったら、お客さんに納められないじゃん……。

この手の話は日常茶飯事で、インド駐在の経験のある日本人同士で集まると、「インドあるある話」として各々が持っている近しい話の共有で盛り上がるようなトピックです。あくまで私の理解ですが、こういったことの背景にはインドの文化的な特徴が関係しているように思っています。インドでは、相手の要望や期待に対して直接的な否定を避ける傾向があるように、私は思うのです。これは単なる社交辞令ではなく、相手への敬意と協力の意思を示す文化的な作法と、私はかなり前向きに捉えるようにしています……。

このような文化の違いに対して、私たちは以下のような対応を心がけるようになりました。それは例えば次のようなものです。

①オープンエンドの質問を避け、具体的な数値や手順を確認する：「できそうですか？」ではなく「いつまでに、どのような方法で実現できますか？」のような聞き方をします。

②実現のための課題を先に聞く：「実現可能ですか？」ではなく「実現するために克服

すべき課題は何ですか?」と具体やその仮説を尋ねます。

③段階的な確認を行う:全体の「イエス」ではなく、各ステップごとの実現可能性の話をしているのかをいちいち確認します。

お気づきでしょうか。これは日本人でもインド人でも通ずるコミュニケーションなのではないでしょうか。日本にいると、つい「阿吽《あうん》の呼吸」「行間を読む・空気を読む」曖昧性《あいまい》の中で仕事をしてしまうことも少なからずあった私ですが、インド人とのコミュニケーションを経ることで、日本人以外にも通じる話し方が身についたのです。インドでの仕事は大変でしたが、ビジネスパーソンとして非常に鍛えられる経験になったな、と今では前向きに捉えています(最初は本当に大変でしたが……)。

また、先ほど登場したベテラン駐在員の方には、こうも言われました。

「**インド人の『イエス』は、可能性に対する前向きな姿勢の表れだ**。彼らは『なんとかしよう』という意志を持って『イエス』と言う。その積極性を活かしながら、具体的なプロセスを一緒に作り上げていくことが重要だよ」

確かに、インド人特有の「イエス」の捉え方は、時として日本人にとって大いに戸惑いの種となりますが、その背景にある文化を理解し、適切なコミュニケーション方法を見つけることで、むしろ彼らの前向きな姿勢を、ビジネスの推進力として活かすことができるのではないでしょうか。

インドでのビジネスにおいて、このイエス／ノーの解釈の違いを理解することは、単なる文化の違いを知るだけでなく、より効果的なビジネスコミュニケーションを実現するための重要な第一歩となるでしょう。とっても大変ですが……。

「富豪」のレベルが本当に桁違い

色々あるけどインドすげえ……!!　と私が思い知った象徴的なエピソードをもう一つシェアさせてください。

ご縁が重なって、とある大手日本企業と提携している企業グループのファウンダーの家にお邪魔させていただいたことがあるのですが、その時の驚きたるやありませんでした。先にお伝えしておくと「これ、一人が住む家の話だよね？」と疑問を持たれるかと思いますが、あくまで一人用の家の豪華さについて、これからお話しします。インドの富豪たちの資産規模は私たちの想像をはるかに超えており、その富の規模は、単に個人の財力という範疇を超え、一つの産業、さらには国家経済すら左右しうる影響力を持っているように思えてなりません。

まず「着いたから降りてくれ」と言われて降りた場所が、空港などでよく見かけるセキュリティチェックのゲートでした。そこで手荷物について厳重なチェックを受けた後、敷地内で改めて車に乗り、数分移動します。その後、ここだと言われて降りた場所が、ゲスト用の家でした。**どうやら敷地の中に、主人が住んでいる家とゲスト用の家が、それぞれあるようです。**既に何がなんだかわかりませんが、ともかくそのゲスト用の家だと言われた建物に入ると、大変広い庭とプールが付いていて、シェフ20人ほどが鉄板の前でお料理の用意をして待っています。我々日本人サイドは10人ほどで遊びにいかせていただいたのですが「そんなに要る?」と思わずにはいられませんでした。さらに、お酒や飲み物がこれでもかと振る舞われ、途中からは世界大会で賞を取ったという方のバイオリンの名演奏が始まります。我々は一体、国賓か

インド人富豪の豪邸

何かにでもなったのだろうか……？

これだけの広さの家を持っていて一体どうするのかとファウンダーに聞いてみたのですが、彼いわく、「この家は1代で築く家としては平均的だ」ということでした。彼から名前が出たリライアンス・インダストリーズの会長、ムケーシュ・アンバニ（資産15兆円）の家は、さらにその数段すごい（彼いわく「ドラマティカリーアンビリーバブルだ」）そうです。聞くに27階建て、高さ173メートルの邸宅で、世界で最も高価な個人住宅として知られており、建設費は約10億ドル（約1500億円）で、6階分の駐車場、3つのヘリポート、50人規模のシアター、豪華なバンケットホール、スパ、テンプルなどが備わっており、働いている使用人は600人のこと。

そのアンバニさん、最近一人娘の結婚式があったそうなのですが、その挙式にかけたお金はなんと900億円。フェイスブックで有名なメタ社CEOのマーク・ザッカーバーグ氏やビル・ゲイツ氏などが参加し、お祝いコンサートにはビヨンセが出演、そして挙式の期間がなんと7ヶ月。その中で6月に、その1200人のゲストとともに地中海クルージングが行われたそうです。どのように表現したらよいものか、もはや言葉が見つかりません……。

話は少しそれましたが、その後も贅沢《ぜいたく》の限りを尽くしたおもてなしが続き、そのファウンダーが最近出したという自伝の書籍（ヒンディー語で読めませんでした）をいただき帰宅したのですが、もう、何が起きたのかわからず、目眩《めまい》のするような時間でした。

インドの富の集中度は、世界的に見ても極めて特異な状況にあるように思います。上位1％の富裕層が国の富の40％以上を保有しているという事実は、単なる数字以上の意味を持つのではないでしょうか。例えば、インドを代表する財閥《ざいばつ》であるタタ・グループは、インドのGDPの約4％を生み出していると言われており、一企業グループの決定が国家経済を左右する影響力を持っていると言っても、決して大袈裟《おおげさ》にはならないのではないでしょうか。

この極端な富の集中は、時として劇的な形で表れます。最も象徴的な例が、先述のリライアンス・インダストリーズのJioによる通信革命です。2017年、ムケーシュ・アンバニ氏は、Jioを通じて破格の料金プランを発表しました。これにより、インドの携帯電話料金は世界最安値水準にまで下落し、競合他社は軒並み経営危機に陥《おちい》り、業界再編が進みました。この価格破壊は結果として、インドのデジタル化を大きく促進することとなり、現在インドは世界で最も多くのモバイルデータを消費する国となり、デジタル決済やEコマースの普及が飛躍的に進んでいるのです。

さらにこれらの富豪たちは、その巨大な富を社会貢献にも向けています。インドでは2013年会社法の改正により、総売上高100億ルピー（約173億円）以上、純資産50億ルピー（約86億円）以上、または純利益5000万ルピー（約8600万円）以上の企業に対して、直近3年間の平均純利益の2％以上をCSR（社会貢献）活動に支出することが義務付けられています。

この制度の特徴的な点は、CSR支出の対象として「スタートアップエコシステムへの投資」が認められていることです。これにより、大企業の資金が次世代のイノベーション創出に循環する仕組みが制度化されており、具体的な取り組みとしては、例えば以下のようなものがあります。

- リライアンス・インダストリーズは「JioGenNext」というアクセラレータープログラムを運営し、毎年数十社のスタートアップを支援
- タタ・グループは「Tata Digital」を通じて、有望なスタートアップへの戦略的投資を

実施

・マヒンドラ・グループは「Mahindra Partners」を設立し、新興企業への投資と育成を推進

他にも、アジム・プレムジ（ウィプロ社の創業者）は、個人資産の約7割を教育支援財団に寄付するなど、インド全土で28万校以上の公立学校の教育改善に貢献しています。タタ・グループは、インド工科大学やタタ基礎研究所など、国内有数の高等教育・研究機関を設立・運営し、国家の優秀な人材の育成に多大な金額を投資しています。また、2020年以降のコロナ禍では、これら財閥による支援が国家の危機対応を支えました。先述のアンバニ氏は世界最大規模の病院を短期間で建設し、タタ・グループは酸素プラントを無償で提供し、企業の社会的責任（CSR）を超えた、国家の重要インフラとしての役割を果たしたと言えます。このように、インドの富豪層は、時として政府以上の影響力と機動力を持って社会に関与しています。彼らの存在は格差の象徴として批判の対象となることもありますが、同時に社会発展の重要な原動力としても機能していると言えるのではないでしょうか。

私のこの日の体験は、まさにそうしたある種の「国家の中の国家」と言って差し支えない存在の一端に触れる機会となりました。ヒンディー語で書かれた、全く読めない自伝を手にトボトボと帰路につきながら、インドという国の持つ特異性について、深く考えさせられました。**そこにあるのは、単なる贅沢な生活様式の話ではなく、独特の発展モデルを持つ新興国の姿なのかもしれません**し、それは同時に、経済発展と社会的課題の解決を同時に追求する、現代インドの縮図でもあるように思えてなりませんでした。

インド展開を目指す日本企業

近年、もはや私が申すまでもありませんが、インドは中国に次ぐ新たな「圧倒的な」成長市場として、日本企業の注目を集めています。14億人を超える人口、どの観点でのデータを見ても明らかな急速な経済成長、そして若く優秀な労働力の豊富さは、多くの日本企業、それは事業会社のみならずスタートアップにとっても、魅力的な投資先となっていると言えるのではないでしょうか。

インドにおける日本企業の成功事例として代表的なのは自動車産業でしょう（インドに限った話ではありませんが）。スズキ、トヨタ、ホンダ、日産、マツダなどなど、インドにいれば日本車を目にしない日はありません。特にスズキのインド現地法人である「マルチ・スズキ・インディア」の成功はことさら際立っており、1983年にインド政府との合弁で生産を開始して以来、インド国内における乗用車市場でなんと約50%のシェアを維持し続けており、街中をスズキの車やバイクが疾走している姿をいつでも目にすることができます。私自身は車を運転することがあまりないので、人からの伝聞になってしまいますが、小型で、とにかく燃費がいい、何より壊れない、それでいて値段もそこまで高価ではないところが人気の理由です。外資の自動車メーカーの参入も激しい中、日本の製品がこれだけ圧倒的に受け入れられているということは、同じ日本人として大変嬉しいことです。

また、近年の目覚ましい成長でいえば、やはりユニクロを展開するファーストリテイリング社を外すことはできないでしょう。2019年にデリーで1号店をオープンして以来、インド市場での存在感を徐々に高めている同社は、周囲のインド人からも定期的に名前が出る、首都圏を中心にかなり認知が広まっているファッションブランドです。私個人の感覚ですが、インド人の同僚と話していると、インドでは日本よりユニクロがハイブランド寄りの認知を持たれているような気がします。とにかく肌触りがよく、デザインもかっこいい、そして機能性に優れていて、特にデリーのような北インドの、夏は酷暑ゆえに室内は冷房が18度などに設定されていて屋外と室内で気温差が激しい、さらに冬は日本と同じくらい寒い、という気候変化の激しいエリアにおいて、ユニクロのウルトラライトダウンを年中持ち運んでいる人も一定数見受けられます。インド人から「あれだけ暖かいのに、なんでこんなに軽いんだ、いったい原材料は何でできているんだ？　なんでこれがこんなに安いんだ？」と矢継ぎ早に聞かれることも少なくありません。

このように、インドの気候や文化に合わせた商品展開と、現地の若い消費者向けのマーケティング戦略がうまく浸透し、まだインド展開開始から数年なのにすでに13店舗と、着実に認知拡大と顧客獲得を広げていると思います。

私自身も、ベネッセという日本を中心に教育事業を行ってきた会社のインド展開という形でインドと接点を持って実感するのは、ユニクロのように、どれだけインド現地にローカライズ・カスタマイズできるかが重要だということです。日本で成功してきた商品やクオリティをそのまま「日本クオリティ」として輸出したら苦戦を強いられる、というケースを周りで見てきました。

あくまで個人的な感覚ですが、日本人感覚での「完璧なパッケージ」を作ろうとすると、コスト構造が合わなくなってくるように思います。コストが高いということは価格も上がってしまうわけですから、結果、現地の方にとって「高すぎて手を伸ばしにくい」ものになるケースも少なくないように感じます。もちろん、日本本社の意向として、そのモデルやそのクオリティが日本市場で成功してきたわけですから、それを横展開していきたい気持ちも、とてもよくわかります。しかし、あえて機能を減らし、「本当に必要な機能」だけに絞ってまずローンチして、そこから出てきたお客様の声や要望などのインサイトをもとに、必要な機能やサービスを少しずつ足していく形が、インドで事業展開する日本企業にとって、一つのアプローチ方法ではないかと考えています。高性能高品質が、誰にとって、どのお客様にとってなのかを深く考える、と言い換えられるのかもしれません。

とはいえ、これはあくまで私の主観です。

より広い視野で、日本企業のインド展開をカバーされている識者の方のお話もご紹介したいと思います。ここ10年以上にわたって、インドを拠点に日系企業のインド進出を支援されてきたGlobal Japan AAP Consulting Private Limited（本社：インド・チェンナイ市）の代表取締役社長を務めてこられた田中啓介さんに、インド展開を行っている、もしくは目指している日本企業がどのように見えているのかをお聞きしたところ、以下のように答えてくださいました。

「これからは「インドの時代」だと言われ続けてもう20年近くが経過しているような気がしますが、2020年代に入って実際にインドに新たに進出する日本企業や、インド進出を本格化する日本企業の数がようやく増えてきました。インドは日本企業にとって「次なる巨大市場」としても「人材の宝庫」としても注目されています。ただし、進出を成功させるためには、単なる市場の広さや人口規模に惑わされることなく、インド特有のビジネス環境や文化を正確に理解することが重要です。

インド市場の特徴は、いわゆる一枚岩の市場ではなく、通貨こそ同じでも、**州ごとに異なる文化、言語、そして法規制がある〝連邦国家〟**であるという点にあります。まさにEUのようなインド大陸ですね。そのため、進出戦略は単純な全国展開ではなく、ターゲット州や都市ごとに緻密にカスタマイズされたアプローチが必要です。また、インドはIT分野での優れた人材で知られていますが、同時に、農業や中小企業が支えるローカル経済も根強く、消費者層は極めて多様です。つまり、高度な技術志向の商品だけでなく、日々の生活を支える製品やサービスに対するニーズも非常に大きいということです」

さらに、日本企業がインド市場で成果を上げるための鍵として**「信頼関係の構築」**を挙げておられます。

「インドでは、単に商品やサービスを提供するだけではなく、現地の文化や価値観を尊重したパートナーシップが重要です。例えば、スズキ自動車やユニ・チャーム、ダイキン工業がインド市場で成功を収めたプロセスには、現地のニーズを深く理解し、現地政府や地域社会との協力関係を長年にわたり維持してきた努力があるのです。また、インドに進出してからわずか3年で黒字化を実現したファーストリテイリング（ユニクロ）を見ると、現地の気候や消費者のライフスタイルに合わせた商品を展開する、ローカライズされた戦略が成功の決め手となりました。

インド進出において特筆すべきは、**単なる〝ビジネスチャンス〟を探るのではなく、インドの人々や市場と共に成長する視点を持つ**ことです。そのためには、企業の経営陣や現地担当者のインド市場への深い理解と共感が欠かせません。文化的な違いが大きいインドにおいて、日本人が自国の価値観ややり方を押し付けるのではなく、**むしろ相手を尊重し、学ぶ姿勢で向き合うこと**こそが、結果的に日本企業のブランド価値を高めることにつながります。

日本企業がインド市場で成功するためには、短期的な利益を追い求めるのではなく、長期的な視点での戦略を立てることが必要です。これからインド市場への参入を考える企業には、まずは小さく始めて、コスト・リスクを抑えながらじっくり時間をかけてトライ&エラーを繰り返す、現地のパートナー企業やインド人消費者から学びながら徐々に事業を拡大していく〝地道なアプローチ〟をおすすめします」

私は個人的にも仕事の面でも、田中さんには大変お世話になっているのですが、田中さんほどインドと日本の双方に深く精通されている方はいないのではないでしょうか。そのくらい、このコメントには私自身も深く頷かされます。

大企業だけでなく、日本のスタートアップがインドでどのように活躍できるのか、その可能性に関してもう1人の専門家にお話をうかがいました。私とほぼ同世代で、JETROニューデリー支局に所属して同時期にデリーに駐在し、日系企業とインドの橋渡しやオープンイノベーション・スタートアップ支援などをさまざまな角度から支援されてこられた酒井さん（現在は京都大学イノベーションセンター所属）です。酒井さんはこう語ります。

「日本企業にとって、インド市場は決して簡単ではありません。しかし、成長するインドのエコシステムを巡って可能性を感じる流れが大きく二つあります。一つは**エコシステムを活用して『インドで開発し、グローバルに展開する』という戦略**。大手に限らず日本のスタートアップでもインドに採用拠点兼開発拠点を設置し、インドをてこに第三国への展開を目指す事例も増えつつあります。また、日本や先進国へのリバースイノベーションではなく、インドでの開発経験を類似した環境を持つ他の新興国への展開に活かせることもあります。例えば、フジフイルムがインド『から』始めているＡＩ健診センター『ＮＵＲＡ』は、インドでの事業開発を基に、他の新興国への展開を狙っています（『インドから世界を目指すテクノロジー 日本企業にビジネスチャンスは?』https://www.jetro.go.jp/tv/internet/2023/06/9b5e4ccb0998f471.html を参照）。

もう一つ、**『インドのスタートアップと組んで現地市場開拓に活かす』**という動きもあります。これも大手企業だけでなく、スタートアップ同士の連携事例も生まれています。例えばソーラーパネルの自動清掃ロボットを開発する未来機械は、インドの同分野のスタートアップと連携し、現地の規制対応や使用環境に合わせたローカライズに取り組んでいます。他にも医療機器の分野で遠隔医療のスタートアップと連携する例や、小売分野での連携事例なども生まれており、現地スタートアップのサービスやネットワークと組み合わせ、ローカライズやスピーディな市場参入を図っています（『協業をめざす世界のスタートアップ ―環境課題の解決への一歩―』https://

www.jetro.go.jp/tv/internet/2021/11/d52e433a675e7eb7.html を参照)。

こうしたグローバル展開のためのインドとの連携については、先んじてさまざまな国が取り組みを進めています。インドと他国との共同研究開発状況について、特許庁の方と調べたことがあるのですが、欧米はおろか、中国や韓国と比べても日本の連携数は格段に少なく、今後の動きが増えていくことを期待します(『インドと諸外国の共同研究実態調査 ~情報通信技術(ICT)分野~』https://www.jetro.go.jp/ext_images/world/asia/in/ip/pdf/IPR_survey1_23FY.pdf を参照)」

インドはスタートアップ大国

若年層が多いこと、多様な価値観が生まれやすい環境の影響もあってか、現在インドは、世界的なIT企業や多くのスタートアップ企業を生み出しています。特に、バンガロールはしばしば**「インドのシリコンバレー」**と呼ばれ、ITを中心とした、この国の基幹産業といってよい、技術革新の中心地となっています。多くの若い技術者や起業家たちが、新しいアイデアや製品を世界に送り出しています。

日系企業との関連で言うと、メルカリや楽天が大規模オフィスをバンガロールに設立しており、ＧＣＣ（Global Capability Center）を設立する動きがあることで知られます。ＧＣＣはあまり馴染みのない言葉かもしれませんので、少しご説明すると、海外、特にインドのようにコストが低く才能のある労働力が豊富な国に設立する、特定のビジネスプロセスや機能を担う専門センターのことです。海外への業務移管であるオフショアと何が違うのかと聞かれることもあるのですが、ＧＣＣは、企業が海外に設立する自社の拠点を指します。完全に自社で保有・運営し、親会社の一部門として機能するため、自社の企業文化や品質基準を維持しやすく、長期的な人材育成も行いやすく、結果、より高度な業務や開発が可能となるというわけです。トヨタのテクニカルセンターやパナソニックのR&Dセンター、メルカリや楽天の大規模開発組織などが代表的なＧＣＣとして知られています。

一方、オフショアは外部の海外企業への業務委託を指しています。あくまで契約ベースの関係であり、外部ベンダーを活用する形態です。比較的小規模な投資で開始でき、必要に応じて柔軟に規模を調整できる利点があります。また、ベンダーの持つ専門性を活用できることも魅力である一方で、知識やノウハウが社内に蓄積されにくく、品質管理も間接的なものとなりがちです。ＴＣＳやInfosysといったインドのＩＴ企業への開発委託が、典型的なオフショア事例と言えます。

インドのGCC市場の成長を支える重要な要素の一つが、インドの豊富なテクノロジー人材プールです。**毎年約150万人とも言われる世界トップレベルのエンジニアリング学生が学校を卒業しており**、科学、技術、エンジニアリング、数学（STEM）のエキスパートが輩出されています。この豊富な人材プールを背景に、GCCは自らを利益センターへと再定義し、税務、法律、マーケティング、調達などのコア機能領域にも進出し、地方都市への事業拡大を通じてインドの経済成長をさらに促進している、というわけです。

具体的な例を一つご紹介します。IT企業やインドの関連企業には、様々な州で、国家事業による支援が行われていますが、そのスケールが日本人の感覚からすると段違いに大きいです。例えば、インド南部のテランガナ州にある、ネクストバンガロールと呼ばれるハイデラバードには、「Tハブ（T-Hub）」と呼ばれる場所があります。これはスタートアップ支援の場所であり、2015年から開始された州政府のスタートアップ企業支援のプロジェクトです。国内の有力な教育機関や内外の多国籍企業・投資家と提携して、オフィスの提供、ものを作る時のプロトタイプの開発施設など、スタートアップ企業に向けてたくさんの優遇を行っている施設です。

私も何度か訪問したことがあるのですが、まず、ソフトウェア用の建物とハードウェア用の建物で分かれています。何を言っているのかと言うと、ソフトウェアの方は、いわゆるプログラミングなどを中心としたITテクノロジーを活用したチャレンジをしている人たちが入居している建物です。その隣には、今度は車を作る、ロボットを作る、何かの工作機械を作っている……といった、いわゆるハードのものを作る人たちが入っています。ハードウェアの方に入居されている方に聞くと「**ここに揃っている部品で、何でも作ることができる**」ということでした。

ここでは、スタートアップ企業が成長するために必要なリソースやノウハウを提供するほか、成長を加速させるための専門的なプログラムも実施されており、投資家、メンター、パートナー企業とつながる機会やスタートアップがアイデアを実現するための支援体制も構築されています。

さらに驚くのはその規模です。今現在は6500平方メートルほどの広さで、超巨大なビルというか、もはや一つの区画です。ビルの中には超広大なコワーキングスペースが至る所にあり、食堂も充実し、色々な国の食事を取ることができます（グーグルのオフィスみ

Tハブの様子

たいですね）。それくらい集中して働かないとイノベーションは生まれないよ、というメッセージなのかもしれません。当初はIITハイデラバード校（IITH）の敷地近くに立地していたのですが、約5万4000平方メートルまで大幅に規模が拡大され、世界最大級の施設として、約2000社のスタートアップ企業からの利用が見込まれているのです。とんでもない大きさですよね。

この「Tハブ」の最高経営責任者（CEO）を務めるマハンカリ・スリニバス・ラオ氏は、2022年のインタビューで、こんなコメントをしています。

「Tハブのフェーズ1が開始した2015年当時はテランガナ州にスタートアップ企業は200社弱しか存在しなかったが、現在は7000社近くまでその数を伸ばした。今後はヘルスケアや電気自動車（EV）、アニメーション、ゲーム、ディープテックといった5つの領域への支援に特に注力する予定だ。将来的にはTハブを、アメリカのシリコンバレーに匹敵するだけでなく、それを超えるような存在

Tハブの壁には「Come, Fail. Learn & Build.」と書かれている

にしていきたい」

7年で200社が7000社になったというのは本当にとんでもない話ですし、そういった州がテランガナ州以外にもどんどん出現しているわけです。

ちなみに、現在インドには、14万社以上のスタートアップ企業が存在すると言われています。その多くはIT企業だそうです。この14万社という数字も、急激に数が増えた結果です。今までの流れを年表にすると、以下の通りです。

- **2016年：インド政府が「Startup India」プログラムを開始し、スタートアップの支援を本格化。まだ約300社のスタートアップが存在するのみだった。**
- **2020年：インド全体で3万社以上のスタートアップが存在するとされ、そのうち34のユニコーン企業（企業価値が10億ドル以上の企業）が誕生していた。**

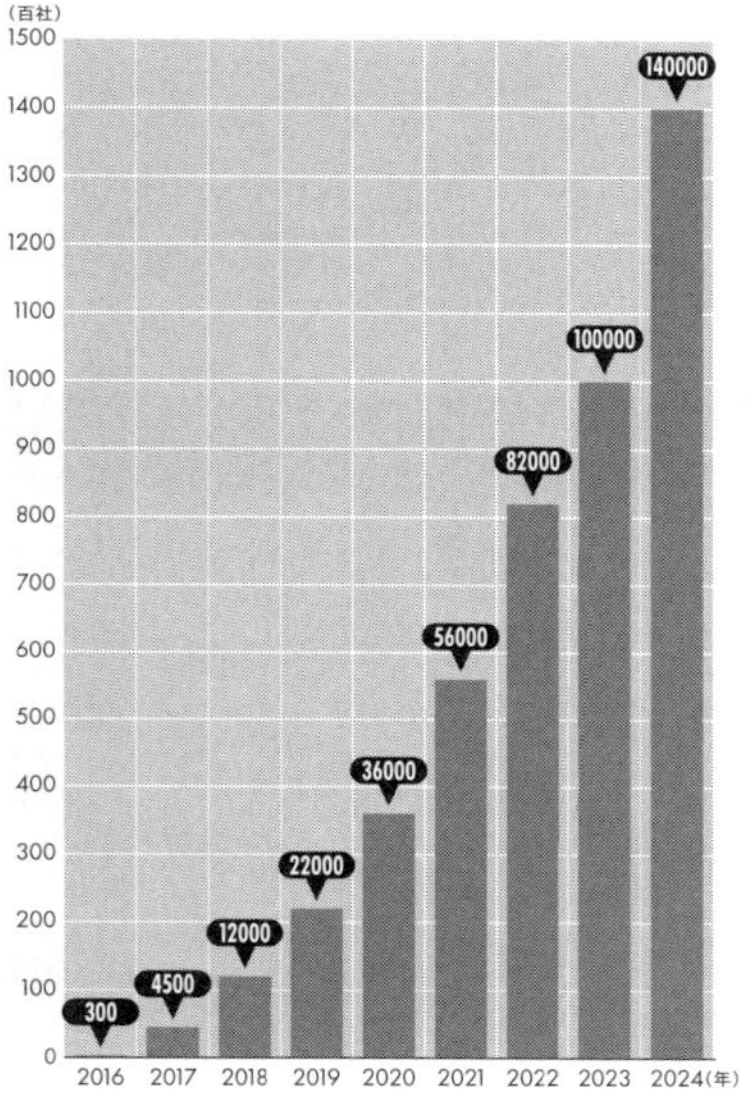

インドのスタートアップの増加

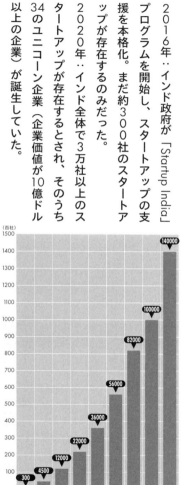

- 2022年：スタートアップの数は8万社以上に達し、インドはアメリカと中国に次いで世界で3番目に大きいスタートアップエコシステムを持つ国となった。
- 2023年：インド政府のデータによると10万社以上のスタートアップが認定されており、ユニコーン企業の数は100社以上に達している。特に2021年から2023年にかけての数年で、年間のユニコーン誕生数が急増した。

スタートから8年で、なんと467倍にスタートアップ企業が激増したわけですね。

世界のスタートアップの比較を表にしてみましたが、これを見ると、インドがどれだけずば抜けているのかわかるのではないでしょうか。

Tハブの他にも、スタートアップに対して政府は本当に手厚い支援政策を行っています。税制優遇措置、資金援助、規制緩

国	スタートアップ数	ユニコーン企業数	主な分野
アメリカ	約7万〜8万社	約600社以上	AI、フィンテック、バイオテクノロジー、eコマース
中国	約4万〜5万社	約350社以上	eコマース、フィンテック、AI、バイオテクノロジー
インド	約14万社以上	約100社以上	フィンテック、エドテック、AI、eコマース
日本	約1万〜1.2万社	約6〜8社	ロボティクス、AI、フィンテック、モビリティ

世界各国のスタートアップの比較

和など、スタートアップに有利な環境を整え、また特に特定の業種（AI、IoT、バイオテクノロジー、クリーンテックなど）に対して積極的に支援を行っています。

先ほど登場いただいた京都大学イノベーションセンターの酒井さんは、インドのスタートアップについて、実地での体験から次のように語っています。

「私は、2020年から2023年にかけてニューデリー拠点に駐在し、日本企業やスタートアップのインド展開支援のほか、現地スタートアップとの連携支援などを担当していたのですが、振り返ってみると、インドのスタートアップエコシステムの規模感やスピード感に圧倒された日々でした。例えば2021年春のインドにおけるコロナ第2波の際は、多い時は一日40万人を超える新規感染者数が続き、医療体制が全土で深刻な状況に陥りました。しかしその中で、インドのテック界隈ではエンジニア有志が地域内のワクチン接種場所の空き状況をリアルタイム確認するシステムを超短期間で組み上げ、無償公開するといった動きや、現地スタートアップが遠隔診療サポートや各地に必要な物資をスピード供給するといった動きが見られました。インフラが十分でない中、この問題解決に向けたスピード感と実行力はインドの底力やレジリエンスを象徴しているように感じました。

その後、感染状況は急速に収束し、経済活動の立ち直りも他国より早く、2022年には1年間で40社以上のユニコーン企業が誕生しました。その時は大型資金調達やユニコーン企業誕生のニュースが毎週続きました。これらには先進国のスタートアップのタイムマシンモデルのようなサービスも多く含まれてはいますが、これまで不便だった生活インフラがまさに**『リープフロッグ』（一段飛ばし）**で次世代のデジタルサービスにシフトしたのが特筆すべき点です。2010年代後半からのスマホとモバイル通信の価格破壊と普及や、政府主導のデジタル公共インフラ構築などを背景に、コロナ禍を契機に幅広い世代がデジタルサービスを使うようになったことで急速なデジタル化につながりました。都市部では、オンライン決済やライドシェア、様々な分野のオンラインデリバリーなどが日本よりも気軽に使われています。

この活躍や急成長の一方で、個別のスタートアップを見てゆくと、まさに玉石混淆。**『この段階で起業しちゃうんだ』と思うことや、ビジネスモデルも練られていないまま自信満々に話をふっかけてくる**こともよくあり、そこは冷静に見る必要はあるのですが、そうした雑さも含めてインドの精神性が表れたものの一つがスタートアップなのかもしれません。そのスピード感とチャレンジへの心理的ハードルの低さは、日本もポジティブに見習ってもよいのではないでしょうか。私自身はデリーの冬季の厳しい大気汚染を避けてベンガルールに『空気を吸いに』行くこともありましたが、日本の特に若い人には、現地エコシステムの『空気』を体感してみてもらいたいと思います。現地のエコシステムに触れ、そのダイナミズムを体感することで、企業のグローバル展開に向けたインドとの関わり方を考える契機にしてほしいと思い、インドへの日本の起業家の派遣事業なども立ち上げて実施しました。ベンガルールとハイデラバードでは著者の松本さんにもご参画いただき、この場を借りて感謝申し上げます」

なお、バンガロール・ハイデラバード以外にも、スタートアップ企業の多い地域は存在しており、インドの金融の中心地としてフィンテック関連のスタートアップが多いムンバイや、政府機関や大手企業の近くに位置するためBtoBやインフラ関連のスタートアップが多いデリーなどにも5000社以上のスタートアップ企業が存在していると言われています。

こうして、人口大国であり、経済大国となりつつあるインドは、政治の世界でも存在感を増しており、国際社会での発言力も増しています。気候変動対策や国際安全保障など、世界規模の問題に対してインドの立場は重要性を増していると言われています。また、「南南協力」と呼ばれる開発途上国間の協力においても、インドは中心的な役割を果たしています。

多少なりともインドという国のスケールの大きさを感じていただけましたでしょうか。

この章の後半では、インドのすごさについて、人にフォーカスを当ててもう少し詳しく見ていきたいと思います。

世界のリーダーは徐々にインド人に

みなさんは、インド人と聞くとどんな人を想像するでしょうか？

日本人は「カレーをおすすめする人？」というくらいぼんやりとしたイメージしかない人もいるでしょうが、アメリカ人に聞くと、「いやあ、あいつらは優秀だよな」という人が大半です。

今やグーグルをはじめとするアメリカのＩＴ企業のエンジニアの多くは、インド人が占めていると言われています。ＧＡＦＡＭ（グーグル、アップル、フェイスブック、アマゾン、マイクロソフト）などのアメリカの大手テクノロジー企業では、インドでＩＴに対する教育を学んだインド人エンジニアがたくさん雇われています。オフィシャルなデータはありませんが、ＧＡＦＡＭ企業全体で、インド出身者はエンジニアや技術者層の10～20％程度を占めていると推定されています。その中でも、エンジニアリング部門の従事者は本当に多く、マイクロソフトの技術部門におけるインド出身者の割合は約20％に達すると推定されています。

また、H－1Bビザ（アメリカで働く外国人技術者向けのビザ）データによると、アメリカのIT業界におけるインド出身者の割合は非常に高いとされ、**2022年時点で全H－1Bビザ申請者の約75％がインド出身**で、これはアメリカで働く外国人技術者の大部分がインド出身であることを示しています。

また、世界的企業のCEOにも、インド人が続々就任しています。例えば、マイクロソフトCEOのサティア・ナデラさん、グーグルCEOのサンダー・ピチャイさん、IBMCEOのアルビンド・クリシュナさんなどです。GAFAMはグローバル企業もしくはアメリカ企業というイメージが強いと思いますが、**このような企業の経営トップが徐々にインド人になりつつあるのです**。なお、2022年にはイギリスの首相にインド系のご両親を持ったイギリス移民の2世であるスナク氏が就任しました。これは、インドとイギリスの歴史を紐解いた時に、非常に大きなことだったのではないでしょうか。

ちなみに、世界の企業だけでなく、なんと日本企業でもインド人のCEOが誕生しています。2022年には「柿の種」で有名な亀田製菓のCEOにジュネジャ・レカ・ラジュさんが就任しました。この方は大阪大学・名古屋大学で酵素反応を学び、太陽化学、ロート製薬で副社長も務めた人で、日本語ペラペラ、日本の文化もよく知っています。そんな、国際的な視点と日本への深い理解を持つジュネジャさんがトップに立って、亀田製菓の製品をますます世界に展開しようとしているのは、日本企業の国際化の新しい形と言えるでしょう。

また意外なところですが、社長だけでなくインド人の校長先生も日本で誕生しています。茨城県立土浦第一高校・附属中学では、インド出身のプラニク・ヨゲンドラさんが校長を務めています。これは日本の教育界における多様性の一例として注目に値します。

まだ日本ではこのような方々はほんの一握りですが、インドの一流大学（インド工科大やインド経営大学院など）を中心に、世界レベルの教育を提供しているインドの大学も増えていることに加え、インドの高校を卒業して学部から米英のトップ大学に留学するインド人学生もどんどん増え、高度な知識とスキルを身につけているインド人の増加が、これらの現象の大きな要因となっています。

一つ背景にあるのは、「英語」かもしれません。インドではそもそも英語が広く使われており、多くのインド人が流暢《りゅうちょう》に英語を話します。アメリカをはじめ、英語がビジネスの共通言語という国は多いですよね。インド人が英語を話せるのは、国際的なビジネスでの大きな利点となっています。加えて、多様性への適応力という観点も大きく寄与しているでしょう。多様な文化や言語が共存するインドで育った人々は、異なる環境に適応する能力が高いと言われています。

今後も、ビジネスや教育、そして他の多くの分野で、インド人リーダーの活躍がますます増えていくことが期待されています。日本を含む世界各国は、このようなインド人材の台頭をどのように受け止め、彼らと協力関係を築いていくかが今後の大きなトピックとなっていくでしょう。同時に、インドの教育システムや人材育成の方法から学ぶべき点も多いはずです。グローバル化が進む中、インド人リーダーたちの活躍は、私たちに新たな視点と可能性を提示していると言えるのかもしれません。

もっとも、遠いところにいるグローバルエリートの話をしてもピンと来にくいかもしれませんので、私が出会ったインド人の具体的な話をさせてください。私とともにベネッセインディアの初代取締役を担っていたヘマント・ジョシ氏です。彼との最初の接点はコロナ禍真っ只中《ただなか》だったので、出会ったと言っても最初の半年くらいは日々のオンライン会議およびチャットベースでのやりとりで、本格的に毎日対面で過ごすようになったのは私が赴任してからですが、いずれにせよ私にとって、インド出身者と深く交差することになる、最初の接点がヘマントでした。

彼は、**本人いわく「典型的な中流階級の出身」**ということでしたが、インド国内の大学を卒業し、ニューヨークの大学院でMBAをとり、マッキンゼーインディアで10年以上にわたってアソシエイトパートナーとして勤務していた彼は、私にとっては初めて出会うグローバルエリートそのもので、彼との出会いは、まさしく目を見張るような驚きでした。「これが『典型的な中流階級』って、インドはどれだけすごいんだよ……」と感じたことを覚えています。

まず、圧倒的に頭がいい。「1を聞いて10を知る」という言葉がありますが、まさにそれを地で行くタイプでした。いち早く要点を摑《つか》み「つまりこういうこと?」と咀嚼し説明する精度が本当に高く、そして明快で構造的、とにかくわかりやすい。相手のことを決して

一番右が筆者、その後ろにいる男性がヘマント

悪く言ったりすることはなく、それでいて言うべき指摘を言わないのではなく、落ち着いたトーンで、ユーモアを交えながら的確に行う、そのような、とにかく「スマート」な思考と態度でした。チャットをすれば即レスで返ってくるし、計算も図抜けて速い。日本円・インドルピー・場合によっては米ドルが混ざる議論（これは海外事業あるあるですね）において、瞬時に暗算で計算していました。しかも3桁×3桁の計算で、1桁レベルまで合っていました……。

総じて、競争を勝ち抜いてきているからでしょうか、頭のエンジン・CPUがとにかく違う。日本で過去にお仕事をご一緒させていただいた方々も、私にとってそのすべての方が人生の師匠・ビジネスの師匠となっている大変尊敬している方々ばかりですが、ヘマントは、これまでご一緒してきたどんなプロフェッショナルともまた毛色が違う、そのような印象を受けました。

それでいて、すごくワーカホリックかというと決してそういうわけでもないのが不思議なところでした。彼の1日のスケジュールを聞くと、朝5時に起きて1時間の瞑想とヨガをした後、家族といっしょに食事を取り、夜も基本的にはあまり外に飲みに行ったりはせず、夕食も家族と一緒。土日には息子の学校の部活動や制服の採寸に付き合っているシーンに同席させてもらったこともありますが、ビジネスパーソンとしてプロフェッショナルである以上に、一人のよきパパでもありました。

こうした優秀な人材を作る土壌となっているのは、一体何でしょうか。色々な側面がある前提で、その根底にあるのは、やはり受験勉強も含む「競争」なのではないでしょうか。インドにはとにもかくにも競争があり、非常に激戦と言うほかないと思っています。また後ほど詳述させていただきたく思いますが、幼少期から勉強を含めて競争が日々の生活にあり、俗っぽい表現で恐縮ですが、それを「勝ち上がる」ことで研ぎ澄まされた洗練さになっていく、という側面があるのは否定できないと私は思います。この点に関しては、第3章でもお話ししたいと思います。

ジュガール精神とは何か

もう一つ、インド人について私の視点からご紹介する時に、必ず言及させていただくようにしていることが「ジュガール精神」です。

ジュガール精神とは、インドの文化に根付いた考え方やアプローチで、簡単に言えば「即席の解決策」や「工夫を凝らした解決方法」を意味するもので、**資源が限られている状況**

下でも、創意工夫と柔軟な発想で問題を解決しようとする姿勢を指します。例えばチャイのお店でコンロが壊れているとしたら、そこにあったアイロンを逆さに置いて、その上でチャイを沸かすというような、限られたリソースでの創意工夫みたいなものです。

実際に私が遭遇したシーンをもとに、もうちょっと具体的に説明させてください。

私がデリーのとあるコワーキングスペースに行った時、信じられないものを目にしたことがあります。**指定された住所にあったのはどこからどう見ても工事中のビル**で、そのビルの5階がそのコワーキングスペースだと書いてあったのです。「俺は住所を間違えたのだろう」と思って呆然と立っていると、一緒に行ったヘマントが「何をしているんだ、早く入るぞ」と言ってきました。

「えっ」と思って観察すると、1階から4階までは工事中で、外の階段(と言っても、工事現場にあるような簡易的な階段)から5階に上がれるようになっていたのです。工事の音がとんでもなくうるさい中で、そのコワーキングスペースのスタッフの方は「1階から4階まではまだ工事中なんだが、5階はこの通り完成している。くつろいでくれ」と言いました。それを聞いてもなお困惑する私の心境を察したヘマントは、にやっと笑ってこう言いました――「Yo, This is welcome to India（陽、これがインドへようこそ、だよ）」。

この出来事は、後にジュガール精神の存在を知った私に「これが、あのジュガール精神か」と感じさせるには十分な出来事の一つでした。日本なら1階から4階までが工事中なら5階は使えないと考えるのが、日本人の感覚だと「普通」のように思うのですが、それでも効率だけを考えたら確かに5階は使えると考えてもいいわけです。**資源が限られている状況下でも、創意工夫と柔軟な発想で問題を解決しようとして、多少の欠如や悪条件には目を瞑《つむ》って、結果を出そうとする精神性**をインド人は持っているのです。この考え方にみなさんが共感できるかどうかは置いておいて、この考え方は、スタートアップの精神、特にテクノロジー・エンジニアリングを起点とした産業のカルチャーと、すごく親和性が高いように思えてならないのです。

他にも、エンジニアリング分野では、新しい高価な技術を使わずに既存の資源で解決策を見つけ出すようなプロジェクトも、ジュガールの一環だと言われています。完璧さよりも、早急に問題を解決することが重視され、既存の方法や常識に縛られず状況に応じて柔軟に対応していくわけです。

ジュガール精神は、現代のビジネス環境でも注目されており、「制約の中でのイノベーション」という観点から、特に新興市場やスタートアップ企業での成功要因として評価されています。制約を逆手に取り、持てるものを最大限に活用して成果を上げるその精神は、多くの国でも参考にされています。

ごった煮のデリー

インド国内について、もう少し深掘りして見ていきましょう。まず、第1章でも少しだけ触れましたが、北インドと南インドは本当に色々な意味で「違う国」と言っていいほどに異なります。おそらく多くの方にとって、「インド」は灼熱《しゃくねつ》の国で、道路には牛が歩いていて、シャワーから出てくる水が口に入ると風邪を引いて……などなどのエピソードが有名かと思います。多かれ少なかれ、このようなイメージを持たれるのではないかと思いますし、事実、私がインドを拠点に生活をしていると言うと、多くの場合の第一声が「え……？　インドに住んでるんですか⁇」であることからも、多くの日本人の方にとって、インドという国のイメージはそのようなものの気がしています。

もちろん、インドの中に、今もそのような風景を残している地域はたくさんありますが、第1章でも書いた通り、インドと一口に言っても、エリアによってその表情はあまりに様々です。例えばデリーを中心とした北インドは、もちろん6月～9月ごろは気温が45度や48度になったりとかなり暑いのですが、逆に冬の1月～2月にはあられが降ったりとかなり寒く、ロングコートを着る必要があります。そういう意味では、大雑把《おおざっぱ》に言ってしまえば、日本の気候に多少近いのかもしれません。北インドでも、特にデリーという街は古くからのインドの街並みや文化、色々な意味での生活格差も色濃く残しているオールドデリーもある一方で、近年成長著《いちじる》しいグルガオンという都市が隣接しています。

私のベネッセインディア時代の拠点は主にこのデリーおよびグルガオンだったのですが、ここは、私個人の主観的判断になりますが、日本人にとってそれなりに暮らしやすいエリアなのではないかと思っています。まず、日本人が9000人くらい住んでいると言われ、多くの日本人駐在員が住まうタワーマンションエリアも数多く存在します。各都道府県ごとの県人会や、茶道やランニング、ゴルフなどといったソーシャル活動も活発で、こんな話はあれなのですが日本人同士の合コンもあります（私は一度だけ興味本位で、妻の事前許可を得た上で友人と共に参加しました（笑））。日本人の年齢も様々で、私のように30代前半から中盤くらいの人もいれば、もっと若く20代で単身インドでチャレンジをされている起業家から、インド駐在3回目の50歳を超える方もおられたりと、様々なバックグラウンドを持った、私のような若輩者が言うのも大変恐縮ですが、とてもキャラの濃い方々が集まっているように思いました（そして私にはそれがとても居心地のよいものでもありました）。

また、基本的に生活に必要なものはすべて手に入りますし、クオリティの高い日本食レストランも数多くあります。インドにいる間、私は全く自炊をしない生活ですが、それが可能なのは比較的リーズナブルで美味しい日本食にアクセスすることができる、という環境の恩恵がかなり大きかったです。特にデリーにある「Manami（愛味）」レストランの定食は涙が出るほど感動する美味しさですし、二郎系ラーメンもあります。グルガオンにある「Ebisu」では、冬の寒い時期になるとちゃんこ鍋も出してもらえるのですが、これが本当に本当に美味しい。日本から遠く離れた場所で生活をしていても、日本の味に触れられることで心からほっとする時間を過ごすことができます。

「Manami」さん、なんと冬にはお鍋を出してくださいました。大変おいしい……。

デリー「Manami」の日本食

「Kuuraku（くふ楽）」さんという、日本人がイメージする居酒屋そのもののお店もあります。こちらは東京で飲食店チェーンを経営されているお店がインドに出店している系列店で、もう日本そのものの居酒屋の雰囲気で、お店に入ると非常に流暢な日本語で現地の店員さんに「いらっしゃいませー！」と言ってもらえて、なかなか感涙ものです。お客さんは日本人の方が多いですが、現地の方や他の国の方も多数見られ、先日インドの方が「テドリリバー、ホット！」と注文するのを隣で聞いていて、一体何のことかと思ったら、なんと日本酒の「手取川」の熱燗《あつかん》だったのには思わず笑ってしまいました。

大きなショッピングモールに行けば、日本の商品もほぼ問題なく手に入ります（友人いわく、私はかなり生活のランニングコストが低い部類の人間だそうで、求める生活必需品の質や量がそもそも低いのかもしれませんが……）。私が足繁く通っていたグルガオンの「サウスポイントモール」は、週末になるとデリーに駐在している日本人で溢れかえっており、日本語も聞こえてきます。日本人向けのスーパーマーケットがあり、日本米や納豆なども含め、海外にいるとなかなか手に入りにくい日本系列のものも手に入ります。ヤマハ音楽教室や公文式教室もあり、日本人向けの日本人医師による病院も近隣に併設されています。

そういえば、イセ食品さんというお店が、生食ができる卵を生産・販売されていたのですが、最近なくなってしまいました……悲しい。生卵を使っての卵かけご飯は、日本にいると特段ありがたみが感じられないかもしれませんが、インド（というか海外）にいると時々どうしても食べたくなるのです。海外の人には全く理解されませんが……。

　北に位置していることもあって、夏は45度を超える日もあり、かなり暑い日が続くのですが、そのデリーとグルガオンの間には、サイバーハブという商業施設があります。こちらもまた、非常に綺麗で洗練《せんれん》された商業施設で、国内外のファッションブランドのお店や（ちなみにユニクロもあります。かなり大きなエリアを占めており、大変人気です）飲食店があり、ＣｏＣｏ壱番屋も入っています。ＣｏＣｏ壱番屋は日本の味をそのまま忠実に再現しています。カレーの国のインドで日本のカレーと聞くと、意外な印象を持たれるかもしれませんが、インドのカレーとは全く似て非なる日本式カレーとして大変人気です。写真の風景を見ていただくと、オールドデリーとの比較も含めて**「ここは一体どこなんだ、本当に一つの国なのか？」**と思わずにはいられませんが、これもまた、インドなのかもしれ

サイバーハブの様子

ません。

インドの生活インフラは、場所によって本当に様々で一括《ひとくく》りに語ることはできませんが、大雨が降るともう大変です。先進国ではなかなかイメージができないかもしれませんが、そもそも下水などの水道インフラが整っていない箇所があるので、至る所で大洪水になります。地下に住んでいた人が流されかけたという話も時々耳にしますし（私は幸運なことに、まだ一度もありません）、多くの場合、その大洪水の後には大腸菌などが発生します。

ちなみに、あまり思い出したくもないのですが、第1章で述べた、大気汚染が大変ひどく、1日にタバコを60本くらい吸っているのと同じくらいの健康被害があったのはこのデリー・グルガオンのことです。私はいまだに咳が止まりません。

IT界の中枢バンガロール

一方の南インドは、IT系企業を中心にバンガロールといった大都市などがあり、特に

インドのCoCo壱番屋は日本そのまま

経済発展が著しいエリアとなります。まず、インド南部カルナータカ州の州都であるバンガロールは、標高約920メートルに位置する高原都市で、年間を通じて過ごしやすい気候から「インドの空調都市」とも呼ばれ、かつては退職後の住処《すみか》として人気を集めた街でしたが、今や人口1200万人を超える巨大都市へと変貌を遂げ、**インドを代表するIT産業の中心地**として世界的な注目を集めています。

ここまでも繰り返した通り、インドという大国を一つのイメージで語ることはできませんが、バンガロールはあらゆる意味でデリーとは、別の世界だと私は感じています。本書の中でも繰り返し、インドという国を一括りに語るのは現実的ではない、あくまで超限定的な、松本個人が体験した視座視界においての限定的インド、という書き方をさせていただいていますが、このチャプターにおいても同様です。バンガロールは、この後色々とご紹介できればと思いますが、とにかくにも住みやすいと思います（私は出張ベースでしかバンガロールを訪れたことはないので、実際に住んだわけではないのですが、その限定的な経験上でもバンガロールはとにもかくにも住みやすいと思います）。インドにはEase of Living Indexという、国内各都市の住みやすさランキングがあるのですが、私の知る限り、2020年以降ずっと、111都市中1位にバンガロールが選ばれています。外国人の私たちにとってだけでなく、インドの方々にとっても住みやすいと評価されているのが、ここバンガロールというわけです。

具体的にはまず、気候がデリーと大きく異なります。基本的には年中比較的温暖で、日中だとだいたい25度くらいでしょうか。半袖で生活できることからかなり穏やかな気候と言えますし、初めてバンガロールに降り立った時に見えた木の植生も、どこか南国のような印象を受けました。北インドのような大気汚染も、私はそこまで感じませんでした。また、政治の中枢都市であるデリーと異なり、**IT産業の集積地となっていることもあってか、全体的にダイバーシティな価値観が高いように思います**。私の友人ではバンガロールの首都圏はもはやインドではない、という表現をしている方もいましたが、出張者であっても確かにそのような感覚を受けます。街の中心部から東に延びるOuter Ring Road沿いには、グーグル、マイクロソフト、アマゾン、IBMといった世界的なIT企業のオフィスが林立しています。

他にも、食事周りの話で言えば、インドでは牛は神として扱われるにもかかわらず牛肉を出すステーキハウスがたくさんあったり、お酒については色々と議論を呼ぶこの国において、ワイナリーでワインを作っていたり地ビールを作っていたりします。機会があれば、バンガロールの国際空港であるケンペゴウダ国際空港第二ターミナルを訪れてみてくださ い。竹や木材を幾何学模様に組み合わせた曲線状のオブジェが天井に設置されており、そ れが照明により室内が黄金色に照らし出されているなど、とても美しい建物です（何が理 由かわかりませんが、撮影は禁止）。

何より、バンガロールの街を歩けば、至る所でスタートアップの息吹を感じることがで きます。私が首都圏からほど近いレストランへランチタイムに入った時には、若いエンジニアと思われる一団が熱心にコーディングの話をしながらビリヤニを頬張る光景が見られました。このように、いわゆるコワーキングスペースと呼ばれる場所ではなくとも、ふつうにカフェや公園のベンチなどに朝早くから若い起業家たちが集まり、熱い議論を交わしている様子を目にすることがあります。

その中でいくつか事例をかいつまんでお伝えすると、私が生業としている教育領域でいえば、オンライン教育プラットフォームのBYJU's は、バンガロールで誕生し、現在は180億ドルを超える企業価値を持つ教育テック企業へと成長しています。創業者の Byju Raveendran

「Miller 46」という、バンガロール市街地にあるステーキハウス。
私はこれが約半年ぶりくらいの牛肉でした。

は、元々数学の家庭教師でしたが、自分が一人で教えられる生徒の数に限界を感じ、最初は自分の授業のＤＶＤを作って生徒に配っていました。それが講じて、インターネットの勃興も含めて教育のデジタル化に可能性を見出し、起業に踏み切り、今日までBYJU'sを大きく成長させ、４０００万人以上とも言われる生徒に対してサービスを届けています。ＦＩＦＡワールドカップのオフィシャルスポンサーになったり、インドの有名なクリケットチームを買い取ったりしていた時期もあり、インドに限らず世界の教育領域の起業家にとって、注目に値する企業体となっていたりします。

また、食品デリバリーのSwiggy（日本で言うところのUber Eatsのようなサービスをイメージしてもらえればよいかと思います）も、バンガロール発のユニコーン企業です。創業者のSriharsha Majety氏は、当初は物流全体にメスをいれようと、プラットフォームの立ち上げを目指していましたが、市場調査の過程で、都市部を中心に食べものの配送に大きな課題と可能性があることに着目し、現在では、インド全土で20万人以上のデリバリーパートナーを抱える巨大デリバリープラットフォームへと成長しています。

もちろん当然ではありますが、様々な課題も存在します。人材の獲得競争は年々激化しており、給与水準は急上昇しています。また、資金調達環境も世界経済の影響を受けやすく、変動が大きいのが現状です。配車アプリで呼んだタクシーの運転手は、こう語ってくれました。

「20年前は、この辺りは全部バナナ畑だった。しかし息子は今、IT企業でエンジニアとして働いている。時代は確実に変わった。でも、この変化のスピードについていける人と、そうでない人の差が劇的に広がってしまっているのも事実です」

しかし、バンガロールのスタートアップエコシステムは、そうした課題を乗り越えながら、着実に進化を続けています。特に、フィンテック、エドテック、ヘルステックといった分野では、世界的に見ても最先端の取り組みが行われています。インド政府が推進する「デジタルインディア」政策も追い風となり、バンガロールは今後も南アジアのイノベーションハブとして、さらなる発展を遂げていくことでしょう。

バンガロールに約6年8か月駐在され、衛星データと機械学習を用いて農業・環境課題を解決するアグリテック・スタートアップ「サグリ株式会社」のインド法人立ち上げの責任者だった永田賢さん（現在は同社のグローバルサウス（南西アジア・中南米・アフリカ）のビジネスを統括）は、「バンガロールは近代マイソール王国を基盤としつつ、大英帝国からの独立後は科学防衛技術の中心地となり、ITと科学技術の面でインドをリードしてきた」

と分析しておられます。

「バンガロールの特徴は、主に3つあります。「科学技術の中心地としての発展」「BPOとグローバル・ケイパビリティ・センターの勃興」、そして「ユニコーン企業の集積」です。順にご説明します。

①科学技術の中心地としての発展：バンガロールの科学技術能力は14世紀から20世紀にかけて南インドで強勢を誇ったマイソール王国に端を発し、大英帝国との4度のマイソール戦争で2回、戦況を優勢に進め、自前で「ティプー＝スルタンのロケット兵器」（石火矢のようなもの）を用いていました。近代において自前で火薬兵器を開発・生産していたことからも、同地での科学技術の基礎はありました。更に、インドを代表する財閥企業タタグループの創始者であるジャムシェトジー・ヌッセルヴァーンジー・タタ（Jamshetji Nusserwanji Tata）が、インドでの科学教育振興のために、

機関名称	種　別
DRDO: Defence Research and Development Organization	政府系：防衛研究
NAL: National Aerospace Laboratories	政府系：航空宇宙研究
ISRO: Indian Space and Research Organization	政府系：宇宙開発
BHEL: Bharat Heavy Electronics Limited	軍用精密機械
BEML: Bharat Earth Movers Limited	戦車
HAL: Hindustan Aeronautics Limited	軍用航空機生産
HMT: Hidustan Machine Tools	工作機械

バンガロールに所在する科学・防衛関連機関（永田賢氏作成）

インド理科大学院（Indian Institute of Science、通称ＩＩＳｃ）を１９０９年に設立し、地盤は整っていきました。そして、独立後は主要機関がバンガロールに集中したことで、科学・防衛の中心として発展してきたという歴史があるのです。

②ＢＰＯとグローバル・ケイパビリティ・センターの勃興：インド政府によるＩＴ産業振興策であるThe Software Technology Parks（ＳＴＰ）スキームの推進と、２０００年代におけるＹ２Ｋ問題（コンピュータが１９００年と２０００年を区別できなくなるのではないかというもので、アメリカでのエンジニア枯渇が問題視されインドへの外注が増えた）の発生でインドはオフショア拠点としての注目を浴びるようになります。こうして、科学・防衛の素地があったところから、産業の集積と人材の集積が進んだことから、バンガロールはイノベーションの先端地域としてみなされるようになり、今では、「グローバル・ケイパビリティ・センター」というリーズナブルな開発コストでグローバル開発の主軸を担うやり方が主流となっています。

③ユニコーン企業の集積：こうした結果として、バンガロールはインド最大のユニコーン企業集積地となっていきました。次のグラフは都市別でのユニコーン企業分布となりますが、バンガロールが他都市を圧倒しています。サイクルとしては、産業集積と人材集積が起こった後に、グローバル・ケイパビリティ・センターに売り込みをかけたいスタートアップが集まって

きて、欧米企業も門戸を開いてベンチャーキャピタルも集まりエコシステムが形成されていったというところです」

ここまで、北インドのデリーと南インドのバンガロールを例にインドの地域ごとの差異を見てきました。しかし、インド国内には地域差だけではなく、他にも大きな分断があると私は感じています。インドとのご縁があった方々と話すと、人それぞれ経験したインドの世界が全然違っているのです。北インド、南インドの分断だけでなく業界によって、例えば教育分野なのか、医療分野なのか、農業分野なのか、そして、表現を選ばずに申し上げると、ある程度裕福なご家庭を対象にするビジネスなのか、もしくはそうではないご家庭を対象とするのかというような、本当に多様な切り口で眺めた時の、本当にごくごく一部を切り取って、その世界の限りにおいて見たことというだけに過ぎないという認識でいます。

一人一人が見ているインドは、その人の世界の中ではどれも正しく、しかしインド一国にまるごとあてはまるわけではない限定的なものです。繰り返し述べていますが、本書で

インドにおけるユニコーン企業の分布

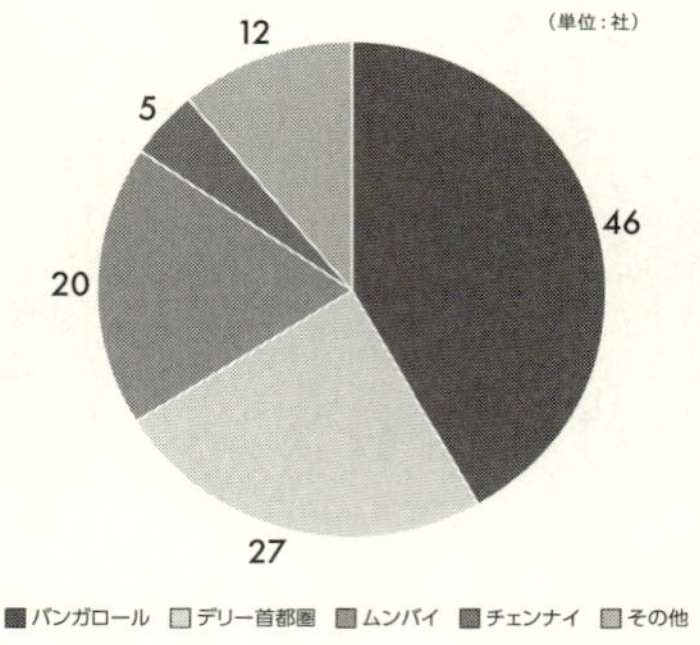

書かせていただいているインドは、あくまで、私が経験・体験した「北インドでの生活を中心とした」「教育領域の」「アッパーミドル層を主に対象とした事業での」「学校、という領域で働く方々や、その産業に身を置くインドの方々とのお付き合い」という、限定的な視座視界における解釈で書かせていただいています。それだけ明確に言及しないといけないくらいの大きな多様性を持つこの国は、本当に大きな、そして深い国なのだな、といつまで経っても思わされます。

カーストについて

ここまでポジティブな話が続きましたが、少し影の落ちるテーマも、触れないわけにはいきません。本章前半でも軽く触れたカーストです。インドにはやはりまだカーストの影響が残っていると、少なくとも私は感じていますので、この節では少し丁寧めにお伝えしていきます。

カーストは、何世紀にもわたり社会に根付いた伝統的な身分階層制度のことです。4つのヴァルナ（種姓）である、

1　バラモン（brāhmaṇa）・ブラーミン（Brahmin）：司祭や学者の階層。最も高い地位。
2　クシャトリヤ（Kṣatriya）：戦士や王族の階層。
3　ヴァイシャ（vaiśya）：商人や農業従事者の階層。
4　シュードラ（Śūdra）：労働者やサービス従事者の階層。

と、そのほかにダリット（旧称ハリジャン、「不可触民」）と呼ばれる階層外の人々も存在し、特定の職業に従事し、差別の対象とされてきました。

インドは憲法によってカーストを法的に廃止しています。１９５０年にインド憲法が施行される際、カーストに基づく差別は禁止されました。特にダリット（不可触民）に対する差別は違法とされ、彼らの地位を向上させるために様々な法的保護が導入されました。

しかしそれでも、カーストの影響は社会に依然として残っています。特に農村部や伝統的な地域では、カーストは様々な面で現代社会に影響を与えています。

まずは結婚です。結婚相手を選ぶ際、同じカースト内での結婚が依然として強く求められる傾向があると聞きますし、家族やコミュニティも、カーストを基準に相手を選び、異なるカースト間の結婚は、地方によってはまだまだタブー視されることも多い、というのが、周囲から伝え聞くところです。

政治もカーストによって大きく影響を受けており、選挙では特定のカーストグループを支持基盤とする政党が多く、カーストごとの利益や保護を約束する政策がしばしば掲げられます。特に北インドの州ではカーストによる政治的分断が顕著です。職業選択についても、憲法上では職業選択の自由は認められていますが、特定のカーストグループが特定の職業に多く従事しているという現象は続いており、特に農村部ではカーストと職業の関連が依然として強いです。

もちろん都市部では、経済発展とグローバル化により、カーストの影響は薄れてきていると言われていますし、特に質の高い教育を受けた若者の間では、カーストはそれほど重要視されていないという印象を受けることも少なくありません。しかし、農村部では依然として強い影響力があり、それが日常生活に横たわっている、ということが続いています。

こうした状況・環境があるからでしょうか、「教育で一発逆転したい」という考えを持つ人は多く、**「自分が人生を変えていくための一歩として、勉強するのだ（そして多くの場合「エンジニアを目指すんだ」）」**と考えるモチベーションとなっている人は、とても多いといえます。エンジニアはカーストもほぼ関係なく仕事ができれば重用されますし、海外の企業に行けばカーストなんて気にする人はほとんどいないでしょう。そもそもカーストの価値観がない社会で暮らしたいという考えを持っている人は、私の知る限り相当程度に多く、だからこそ、より必死で勉強するのかもしれません。

インドには多種多様な人がいて、一方では年収1億円、一方では年収100万円未満というような極端な格差社会だからこそ、子どもは必死で勉強し、いわゆる「いい企業」に入ろうと努力する引力が働きやすい、とも言えます。自分の人生を賭けて勉強するがゆえに、その努力は日本を始めとする先進国とは比べ物にならないわけです。

私は、そういう意味でも、教育というものがこのインドの大躍進を支えている大きなドライバーの要因の一つなのではないか、と考えています。第3章ではインドの教育について見ていきますが、インド人の教育に対するモチベーションの背景にあるのは、このような多様さなのだと感じます。

第3章

インドの教育

——世界最大の受験競争が生む光と影

不正が横行するほどのインドの受験戦争

第2章では、インドの産業や経済がどれだけ爆進しているのかについてお話ししてきました。ここからは、そのインドの爆進を支えている教育についてお話ししたいと思います。

既に軽く触れましたが、世界でも類を見ない規模と激しさを持つ受験戦争は、インドの発展を象徴する現象として注目に値します。日本では『ドラゴン桜』という漫画・ドラマが流行し、桜木先生というキャラクターが、**「バカとブスこそ東大に行け！」**というセリフを叫んで大きな反響を呼びました。しかし、インドの受験競争は、その規模においても激しさにおいても、私たち日本人の想像をはるかに超えるものと言わざるを得ません。インドの若年層人口（0〜19歳）は約5億人。これは日本の総人口の約4倍、アメリカの全人口の約1・5倍に相当します。この膨大な若者たちが、限られた教育機会を求めて競争を繰り広げているのです。

第1章でもインドの教育熱について触れましたが、インドの学習塾では、言葉を選ばずに申し上げれば、**非常に極端な詰め込み教育が行われている**、と言って差し支えないかと思います。宿題の量も膨大で、寝る間も惜しんで勉強することが日常茶飯事です。インドの教育システムは厳格であり、数学は99×99までの計算が瞬時にできるよう求められ、それ以外の理数教育に関しても世界的に見てかなり高い水準にあります。大学もインド工科大は世界的に高い評価を受けていて、卒業後は世界の名だたる企業に就職していくのみならず、約50%が卒業後すぐに起業・もしくは卒業後3年以内に起業予定とも言われています。

しかし、その厳しさゆえに受験生たちに大きなプレッシャーがかかっているのです。塾では当たり前のように「インド工科大に受からなければ、その先の人生はない」「勉強以外に人生を切り開けるものはない」と叫ばれており、そのプレッシャー・強迫観念が受験生たちを追い詰めている側面もあるように思えてなりません。

インドの最大手学習塾の南デリー校

インドの受験がどれくらい極端に大変なのか、それをお伝えするのに一つわかりやすい例をお示しするとすれば、受験におけるカンニングや替え玉受験といった不正行為が横行し、それが大きな社会問題となっているほどです。本当に悲しいことですが、「何がなんでも受からなければ」というプレッシャーから、家族ぐるみ、塾ぐるみの不正が発生しています。

例えば、2015年、インドのビハール州で起きた大規模カンニング事件は世界に衝撃を与えました。家族が建物の外壁をよじ登り、試験会場の窓からカンニングペーパーを渡す様子が報道されたのです。

「壁をよじ登ったってどういうこと?」と思われた方は、ぜひインターネットで「インドカンニング」と検索して画像・動画を見てみてください。**家族や友人が試験会場の外に集まり、生徒が座る教室の窓の近くまで登り、解答や参考資料を手渡ししている光景**を、ご確認いただけるかと思います。メモを窓から中に投げ込む人もいました。そしてそれと同じくらい、もしくはそれ以上に大きな問題は、それを試験の監督者が黙認していたと報道されたことです。試験会場に配置されていたはずの試験監督者や警備員はそれらを黙認していて、彼らは賄賂《わいろ》を受け取っていたのではないかと言われています。こうしたカンニングの特徴は、単なる個人の不正行為ではなく、複数の試験会場で広範にわたって行われているということです。塾ぐるみ・家族ぐるみはもちろん、地域全体で行われていることもあるのです。

カンニングだけでなく、犯罪グループが組織的に替え玉受験や答案の改ざんを行うケースも次々と報告されています。当然ですが政府も対策に乗り出し、生体認証システムの導入や試験会場での携帯電話使用禁止などを進めていますが、私の知る限り、現時点でも根本的な解決には至っていません。

政府には、教育の質を維持しつつ、受験生の精神的な健康を守るための改革が求められています。不正行為の撲滅に向けた様々な対策を講じていますが、そのような技術的な対策だけでは効果は限定的で、受験生やその家族に対する啓発活動とともに、そもそものインドでの教育のあり方そのものの再考が必要です。そのためにも、また詳しくは後述しますが、インドで現在大規模に行われている30年ぶりの教育改革プロジェクト(NEP2020)の改革案の中でも、詰め込みからの脱却およびカリキュラムの大幅な刷新、教員の指導力向上や生徒のリテラシー向上のためのガイドラインの整備が急ピッチで進められています。

受験は人生を変える手段

それにしても、なぜここまで受験が加熱してしまうのでしょうか。

まず、なんといっても先述の通りインドは若者の人口が圧倒的に多く、それに対して、入れる大学の数が圧倒的に足りていません。日本の東大にあたる大学であるインド工科大の倍率は、100万人以上が受験し、約2万〜3万人が合格となっていますので、約50倍です。東大が3倍であることを考えると、単純計算で日本の15倍以上の競争が行われていると言えます。

また医学部も日本と同様、大人気です。インドで最も権威のある医学系大学であるデリーにある全インド医科大学（AIIMS）はインド工科大以上に競争が激しく、受験者数約2〜3万人に対して合格者は数百名程度、倍率は数百倍にも達します。ビジネススクールとして有名なインド経営大学院（IIM）では、試験方式によっては合格率0・25%とも言われています。

まとめると次のようになります。

- コンピュータサイエンス（インド工科大や国立工科大学）：コンピュータサイエンス分野の入試は特に厳しく、倍率は10〜50倍。
- 医学（全インド医科大学や他の医科大学）：医学系の入試は最も競争率が高く、数百倍に達することも。
- 経営（インド経営大学院や他のビジネススクール）：インド経営大学院のようなトップ

ビジネススクールの合格率は非常に低く、倍率は数百倍と言われる。

もちろんこれらの大学以外にも、トップ校と言われる大学が50〜100校ほどありますが、それでは全然足りません。

そこまでして名門大学に入りたがるのは、なぜなのでしょうか。それは、**卒業後の人生が大きく変わるから**だと私は考えています。

インド工科大卒業生の平均年収は、一般の大学卒の数倍以上、と言われています。インドにはまだまだ貧しい家庭も多く、一族の中で一人でも高い収入を得る人がいるだけで、家族全体の生活が豊かになり、社会的な地位も上がります。名門大学に入学・卒業しさえすれば、高額な給与が得られ、親も親戚も簡単に養えて一生の安泰が約束されますし、人生一発逆転することも夢ではないのです。受験に「貧しさから抜け出すんだ!」と人生を賭ける人がいますし、本人だけでなく家族も「あなたが有名大学に行ってくれたら、私たちの一族がみんな助かるのよ」と期待をかけているため、生徒にかかるプレッシャーが半端ではないのです。

それに、カーストの存在も大きな要因になっています。第2章の最後にも書きましたが、インドには未だにカーストの影響が残っています。カーストは法的には完全に廃止されたことになっていますし、教育を受けた若い世代を中心にカーストにとらわれない考え方が広まりつつあり、都市部ではカーストの影響力は徐々に弱まっています。しかし、特に農村部や伝統的な地域ではカーストの価値観は強く残っていて、受験はそこから抜け出すための手段の一つになっているわけです。

『ドラゴン桜』に出てくる桜木先生も、登場するメインキャラクターの一人であり、お父様が失踪して借金・生活苦に耐えている矢島に東大受験を勧める際に**「いいか矢島、受験ってのはな、今の日本に残された、たったひとつの最後の平等なんだぞ」**という言葉がありますが、それはもしかしたらインドにおいても同様なのかもしれません。教育においてもカーストが問題になっていて、政府は「指定カースト」（旧不可触民）や「その他後進諸階級」などの社会的に不利な立場にある学生のために、大学の入学枠の一定割合を確保する「留保制度」（Reservation System）を実施しています。が、これは逆にカーストの意識を強める結果にもなっていて、いまだに差別も残っている状態だと言えます。

このように、まだまだ道半ばではあるのですが、教育そして大学受験は、インドの古い社会制度から抜け出す重要な手段となっています。

インド政府は過酷な受験競争を改善するため、２０２０年に大規模な教育改革「ＮＥＰ２０２０（National Education Policy 2020）」を発表しました。これは実に34年ぶりの包括的な教育政策で、この改革の中でも、大学数の大幅な増加が目玉改革案の一つに盛り込まれています。２０３５年までに高等教育機関を倍増させるという計画で、国内だけでなく、海外の有名大学の誘致も進めています。これに伴い、大学進学率を現在の約26％から２０３５年までに50％まで引き上げる目標も掲げ、大学教育の民主化および、質・量ともに大学教育の底上げに国全体で取り組んでいるのです。

今、インドで起きている大規模教育改革「NEP2020」

1. 詰め込み教育からの脱却（カリキュラム変更・教員指導改革）
2. 大学進学率を 26%→50%に（2035年度までに）
3. 大学の数を 5 万 1000→13 万に（2035年度までに）
4. 大学共通センター試験の開始（2022年〜）

NEP2020 の概要

名門大学を出れば1年目で年収8000万円も夢ではない、しかしほとんどの大学は……

「今日は7社と面接しました。でもまだ決められません。来週また10社くらいと会う予定です」

　インド工科大のハイデラバード校で出会った4年生の学生は、そう語ってくれました。日本の就活生からすると信じられない光景かもしれません。しかし、インドのトップ校ではこれが当たり前の光景です。インドの新卒採用市場（日本以外の国で「新卒」というワードは存在しませんが、あくまで便宜的に）、特にトップ校の採用の仕組みは、日本とは根本的に異なっているように思います。日本では学生が企業に足を運び、何度もの面接を経て採用が決まりますが、インドでは逆に企業が学生のもとに集まってきます。各大学で開催される「キャリアデー」には、世界中から企業の採用担当者が集結。学生たちは、まるでプロスポーツ選手のようにスカウトされていきます。

2023年のインド工科大ボンベイ校のキャリアデーでは、実に450社以上の企業が参加しました。学生たちは1日で最大10社とのミーティングをこなし、中には当日のうちに内定を得る学生も少なくありません。「朝一番でグーグルと面接、午後にマイクロソフトとアマゾン、夕方にはメタ」といったスケジュールも珍しくないのです。

提示される条件も、常識を超えたものが少なくありません。**2022年、インド工科大の学生に提示された年俸8000万円という破格の条件**は、インドの就職市場に大きな衝撃を与えました。これは単なる例外的なケースではありません。同年のインド工科大デリー校では平均年俸が約2000万円を記録したと発表しており、インドの一般的な大学卒の初年度年収（約50万円）とは比較にならない水準となっています。

さらに、ＢＭＷのような高級車や、リモート会議用の机、最高級のパソコンやマウスなど最新のＩＴ機器、カタールＷ杯のチケットなどスポーツ観戦チケットなどの特典まで付くこともあり、まるで野球選手のドラフトのようです。

あるインド工科大出身者は「**入社時に提示された特典リストを見て、自分の目を疑いました。高級車は必要ないと伝えたところ、代わりに毎年の休暇中に専用機での旅行を提案されました**」と語っていました。

学生も学生で、入社日ギリギリまでより条件のいいところを見極めていきます。そのため、内定を得ていても、入社日前日に「やっぱりこっちの企業にします」と変えることもザラに起こります。ある米系ＩＴ企業の採用担当者は、「内定承諾から入社までの期間を極力短くするよう心がけています。２週間空けただけで、より好条件を提示した他社に人材を取られてしまうことがあるからです」と説明します。それだけトップ校を出た学生にとっては売り

BMW 社のバイクを使った BharatPe 社の採用広告

手市場なのです。人気が高いのはやはりGAFAと呼ばれるグーグル、アマゾン、フェイスブック、アップルあたりの外資系IT企業、そしてゴールドマンサックス、マッキンゼーなどのグローバルファームですが、タタやインフォシス、バーティ・エアテルなど、インド国内の企業も多数選ばれています。

しかし、このような華々しい採用市場の陰で、深刻な問題も存在します。インドの高等教育機関は約1000校を超えますが、世界的に認められた人材を輩出しているのは、そのごく一部に過ぎないのです。

学生の数としてはトップ校でない大学出身者の方が圧倒的に多く、そうした大学を出た若者は、実は就職先を得にくいということが問題になっています。2021年にインド全土で実施された調査では、衝撃的な結果が明らかになりました。**コンピューターサイエンス卒業生の約80%が就職に適した技能を持っていない**とされたのです。

この調査を実施したアスパイアリング・マインズ社の報告によると、

- **プログラミングの基礎的な問題を解けない卒業生が65%**
- **英語でのビジネスコミュニケーションに課題がある学生が72%**

●論理的思考力テストで基準点に達しない学生が58％

という結果が出ています。大学教育の質と産業界のニーズとのミスマッチが大きな課題となっており、「大卒でさえあればいい」というわけではありません。

これは、大学での学びの「質」が担保されていないことが原因です。トップ校、それも理系科目に社会のニーズが集中しすぎているのです。ある中堅ＩＴ企業の人事担当者は、インドの状況をこう表現しています。

「インド工科大やインド経営大学院といったトップ校の卒業生は世界最高水準の人材です。しかし、一般の大学となると、基本的なコーディングさえままならない卒業生も少なくありません。これは、大学教育の質にあまりにも大きな格差があるということです」

なぜこのような格差が生まれるのでしょうか。

この深刻な格差の背景には、複数の要因が絡み合っています。第一に、教員の質の問題があります。２０２３年の高等教育審議会の報告によると、一般大学の教員の約40％が、必要な資格や実務経験を十分に備えていないとされています。特に、急速に進化するＩＴ分野では、最新の技術トレンドに追いつけていない教員が多いのが現状です。第二に、カリキュラムの時代遅れが指摘されています。10年以上前のプログラミング言語やフレームワークを教えているケースもあり、現代のテクノロジー企業が求めるスキルとの間に大きなギャップが生じています。

格差をなくすためのインドの教育改革

このような深刻な状況を受けて、インド政府は教育改革「NEP2020」において、数ある施策の中でも、高等教育の質の全体的な底上げを重要な課題として位置づけています。その主な施策には、

1　大学の統廃合と質の標準化
小規模大学の統合による教育リソースの効率的活用、全国統一の教育品質評価システムの導入、教員の資格要件の厳格化

2　カリキュラムの現代化
産業界との連携強化による実践的なプログラムの導入、オンライン教育プラットフォ

ームの活用、インターンシップの必修化

3　多様な学びの促進

文理融合型のプログラム導入、芸術、人文科学分野の強化、起業家育成プログラムの拡充

などが含まれています。

特に注目されているのが産学連携の強化です。2024年からは、すべての工学部で最低6ヶ月のインターンシップが必修となる予定です。また、企業の実務者を教員として招聘《しょうへい》する制度も拡充され、理論と実践のギャップを埋める試みが始まっています。

ある教育政策の専門家は、この改革についてこう評価しています。

「インドの高等教育は、これまであまりにもトップ校に依存しすぎていました。しかし、真のグローバル競争力を持つためには、教育の裾野を広げることが不可欠です。NEP2020は、その第一歩として評価できます」

インドの高等教育は今、大きな転換点にあります。トップ校の卒業生たちが世界の最前

線で活躍する一方で、教育格差の解消という大きな課題に直面しています。この課題にどう向き合い、解決していくのか。それは、インドの将来だけでなく、世界の人材市場にも大きな影響を与えることになるでしょう。

理数系教育とビジネス教育を融合させたインドの基礎教育

ここまでインドの大学受験の熾烈《しれつ》さを見てきましたが、高校までの基礎教育についてもご紹介したいと思います。

先ほども登場した教育改革「ＮＥＰ２０２０」により、大学だけでなく高校までの教育も大きく変わりつつあるのが現状です。例えばインドの義務教育期間は現在6〜14歳までですが、２０３０年までに3〜18歳に拡大される予定です。この狙いは早期教育の重視と高校教育の普遍化です。

他にも、文系・理系の区分をなくして学生が興味のある科目を自由に選択できる柔軟な教育システムを導入し、生徒が自身の興味や強みに応じて多様な学問分野に取り組めるようにすること、理数系教育に加えて芸術や人文学などの分野も重視し、創造力や批判的思考を育むＳＴＥＡＭ（Science, Technology, Engineering, Arts, Mathematics）教育が推進されることが確定しています。教育の機会の均等化を行いつつ、学力一辺倒なだけではない教育を推進しているわけですね。それと関連して、日本で言うところの大学入学共通テストの実施や、教員の研修プログラムの強化、**知識の詰め込み教育から批判的思考や創造性を育む方向へとシフトすること**などが求められています。

教育改革の背景にあるのは、何度も書いてきましたが、これまでのインドの教育に横たわる諸問題です。超詰め込み偏重の教育システムに加えて、教員の質のばらつき、教育アクセスの不均等、それにもかかわらず勉強せざるを得ない心理的・経済的プレッシャーによる、本当に悲しいことなのですが、年間1万人以上とも言われるインドの高校生の自殺者などの問題があり、そのような大きな社会課題の解決改善も企図され、NEP2020は推進されています。

インドの基礎教育について、もう少し具体的にお話ししましょう。

インドの学校教育では、まず小学校（1〜5年生）で第一言語（地域言語）、第二言語（英語）、算数、環境学習（理科と社会の統合科目）、コンピューター基礎、道徳科学（Moral Science：2023年から段階的に追加）、芸術・音楽、体育が必修です。ここで注目すべきは、日本の小学校にある「家庭科」がなく、その代わりに「コンピューター基礎」が必修になっていることでしょうか。これは、将来のIT人材育成を見据えた特徴的なカリキュラムと言えます。

中学校（6～8年生）に入ると第三言語が加わり、環境学習が理科と社会に分かれます。理科は物理・化学・生物の3分野を学びます。この段階で、日本との大きな違いが出てきます。例えば、日本の中学校では技術・家庭科が必修ですが、インドにはありません。その代わり、「コンピューターサイエンス」という科目があり、プログラミングの基礎やアルゴリズムについて学びます。科目のラインナップは次のようになります。

第一言語（地域言語）、第二言語（英語）、第三言語（他の公用語）、数学、理科（物理・化学・生物）、社会科（歴史・地理・公民）、コンピューターサイエンス、道徳科学、芸術・音楽、体育

中等教育後期（9～10年生）になると科目は次のように変わります。

第一言語、第二言語、数学、理科（物理・化学・生物）、社会科、情報技術（IT）、道

徳科学

高等学校（11〜12年生）になると理系・商業・文系の3つのストリームに分かれます。日本の高校でも文系・理系のコース分けはありますが、基本的な教科はほぼ共通して学びます。一方インドでは、進路によって学ぶ科目が大きく異なります。Class 10 Board Examという各Board（日本でいうところの教育委員会のようなもので、インドでは、大きくCBSE Board/ISCE Board/State Boardという3つのBoardに分かれます）ごとに共通テストが実施され、その結果および本人の希望の進路に合わせて、以下3つのストリームに分かれます。

①理系（Science Stream）：インドにおいて圧倒的に人気のストリームです。約7割の生徒がこちらのストリームを希望していると言われており、インド工科大など含めてインドにおいて「成り上がっていく」ための第一関門と言ってよいコースです。

物理、化学、数学／生物（選択制）、コンピューターサイエンス／情報技術実践、英語、地域言語（選択）

②商業（Commerce Stream）：こちらは日本で言うところの「文系」における、経済学や商学を目指す生徒が選択するストリームです。

会計学、ビジネス学、経済学、数学／情報技術実践（選択制）、英語、地域言語（選択）

③人文系（Humanities Stream）：

歴史、地理、政治学、経済学、心理学／社会学（選択制）、英語、地域言語（選択）

この科目構成を見ると、日本と比べていくつかの特徴が見えてきます。まず、言語教育に大きな比重が置かれていることです。インドでは22の公用語があり、さらに英語も準公用語として広く使用されています。そのため、第一言語（地域言語）、第二言語（英語）、第三言語（別の公用語）を同時に学ぶ「三言語方式」が採用されています。特に英語教育は、日本とは大きく異なります。日本の英語教育が文法・読解中心であるのに対し、インドでは小学校低学年からビジネス英語やプレゼンテーションスキルまで含めた実践的な教育を行います。

また、IT教育が1年生から必修となっている理科教育も特徴的です。日本では2020年からようやく小学校でプログラミング教育が始まりましたが、インドではすでに1990年代後半から初等教育でコンピューター教育を導入しています。小学生の段階からタイピングやプログラミングの基礎を学び、中学生になるとPythonなどの本格的なプログラミング言語や、データベース、アルゴリズムについても学びます。また、日本の理科は、基礎的な実験と理論をバランスよく学ぶスタイルですが、インドの理科は探究型学習を重視します。

特にSTEM教育が進んでいる学校（150万校のうち9万校くらい）にはSTEMラボと呼ばれる施設があり、最新の設備を使った実験や実習が行われます。例えば、物理の授業では早い段階からプログラミングと連携した実験を行い、データの収集・分析まで一貫して学びます。化学では有機合成の実験、生物では遺伝子工学の基礎実験なども取り入れられています。施設の例をいくつかご紹介しましょう。

●コンピュータとソフトウェア：プログラミング言語やＣＡＤ（コンピュータ支援設計）ソフトウェアなど、技術を学ぶためのパソコンや専門ソフトウェアが設置されています。

●電子工作キット：回路やセンサーを使って電子プロジェクトに取り組むことができ、ＩｏＴ（モノのインターネット）に関する学習に役立ちます。

●ロボティクスキット：ロボットの製作やプログラミングを学ぶためのキットがあり、センサーやモーターを使った高度なロボット構築が可能です。

●３Ｄプリンター：学生が自分の設計したモデルを物理的に作成するために使用されます。エンジニアリングやデザインのプロジェクトに欠かせません。

このように、企業に負けないくらいにデジタル教材が整っています。人体模型やビーカーがあるだけの日本の理科実験教室とは大きく異なり、投入される費用も莫大です。また、民間企業との連携も強く推進されており、例えばマイクロソフトはインド政府と協力してＡＩやクラウド技術を学校のカリキュラムに導入しています。マイクロソフトの「Global Skills Initiative」では、学生や教師に向けてオンラインでプログラムやデジタルスキルを提供する取り組みが行われ、企業研修顔負けのカリキュラムが実施されているのです。

また、インドには日本にない特徴的な科目があります。その一つが2023年から新設された「道徳科学（Moral Science）」です。日本の道徳の授業が価値観や心構えを学ぶのに対し、インドの道徳科学では古代インドの哲学や宗教から現代の倫理感までを通して、そこに横たわる共通概念を中心に体系的に学びます。企業の社会的責任（CSR）やリーダーシップ論なども含まれており、より実践的な内容となっていくと言われています。「環境学習（Environmental Studies）」も特徴的な科目です。日本の理科や社会で断片的に学ぶ環境問題を、独立した科目として体系的に学びます。生態系と生物多様性、気候変動、持続可能な開発などを、理論と実践の両面から学習します。

ただし、これはあくまでも都市部の学校の例であることに注意が必要です。インドの教育現場では、都市部と地方部、私立校と公立校の間で大きな格差が存在します。地方や公立学校ではまだまだ従来型の暗記中心の授業が主流という現実もあります。

数学に見るインドと日本の教育の違い

では、より具体的にインドのカリキュラムのイメージを持っていただけるように、特徴的な数学を例に、カリキュラムの具体的な特徴を見ていければと思います。インドの数学教育は、単なる計算力だけでなく、論理的思考力と問題解決能力の育成に重点を置いているのですが、カリキュラムは日本とおおよそ違いはないのではないでしょうか。

【小学校段階（1〜5年生）】

- 1〜2年生：基本的な数の概念、足し算・引き算
- 3年生：掛け算、割り算、分数の導入
- 4年生：小数、図形の基礎、単位変換
- 5年生：約数・倍数、図形の性質、基本的な統計

【中学校段階（6〜8年生）】

- 6年生：整数の性質、比と割合、代数入門
- 7年生：代数式の計算、平面図形の性質、確率入門
- 8年生：2次式の計算、図形の合同・相似、データ処理

【高校前期（9〜10年生）】
- 9年生：2次方程式、三角比、統計と確率
- 10年生：複素数、三角関数、ベクトル、微積分の基礎

【理系の高校後期（11〜12年生）】
- 11年生：高度な代数学、解析幾何学、微分学
- 12年生：積分学、3次元幾何学、線形代数、確率統計

この中で特に注目すべきは、「ヴェーダ数学（日本では「インド式数学」「インド式計算」といった名称でおなじみかもしれません）」と呼ばれる古代インドの計算手法が取り入れられていることです。例えば「99×99」のような計算は、独特の計算方法を用いて瞬時に解くことを教えます。「100に近い2つの数字をかける時は、それぞれ100からの差を使って計算する」という方法で、例えば「99×99」を（100−1）×（100−1）と整理した上で、100（100−1）−1×（100−1）＝9801というような計算をします。

また、日本の数学が「どう解くか」というプロセスを重視するのに対し、インドでは「な

ぜそうなるのか」という原理の理解により重点を置きます。中学生の段階から、証明問題や論理的思考を要する問題に多くの時間を割きます。さらに、実践的な応用も重視され、8年生（日本の中学2年生）から株価データや経済指標を使った統計の演習なども行います。加えて、8年生から導入される「データ処理」の単元では、実際の株価データや経済指標を使った演習が行われます。これは、数学の実践的な応用力を育むとともに、将来のビジネスでも役立つスキルとして重視されています。

こうした教育内容の特徴は、インドが世界のIT産業で台頭している理由の一つを説明してくれるのではないでしょうか。論理的思考力を重視する数学教育、実践的な理科実験、早期からのプログラミング教育、ビジネス英語の習得——これらはすべて、グローバルなIT産業で活躍する人材に必要なスキルと直結しています。

つまり、インドの教育は「次世代の産業人材育成」という明確な目標のもと、理数系教育とビジネス教育を融合させた独自のアプローチを取っているのです。そして、この教育方針こそが、現在のインドのIT産業やスタートアップの隆盛を支える人材を生み出す土台となっています。

予備校の街コタと「ダミースクール」

インドの教育を語る上では、高校までの教育で大きな役割をもつ塾や予備校の存在にも触れておかなければなりません。

インドの北部ラジャスタン州の地方都市コタは、かつて肥料工場で栄えた人口100万人ほどの普通の交易都市でした。しかし今、この街を歩くと、そこかしこに「インド工科大合格保証」「医学部合格率90％」といった巨大な広告板が林立し、朝早くから夜遅くまで、制服姿の若者たちが忙《せわ》しなく行き交う姿が見られます。**コタは今では「受験の聖地」として知られており、**街には1990年代前半から教育産業が栄え、多数の予備校と学生寮によって年間数千億円規模の教育産業が形成されています。コタの小さな私塾がインド工科大への合格者を出したことが評判となり、受験生が殺到したことで、塾・予備校が参入し、寮も次々に建てられたという経緯があります。

「受験の聖地」「予備校の街」という呼び名の街があるというのは、日本人の感覚からするとちょっと信じられませんよね。でも、コタには、もっと信じられないものがあります。これは本書の執筆にあたって、触れるべきか否か迷ったトピックではあるのですが、インドの教育環境をお伝えするにあたってやはり触れないわけにはいかないだろう、ということで、意を決して書くことにした内容の一つです。

このコタには、ダミースクールという施設があります。ダミースクールとは、簡単に言うと「昼間も塾で勉強するために、学校に行かなくても出席したことにしてくれるペーパースクール」です。

私が訪れたあるダミースクールは、一見すると普通の学校でした。校門には立派な看板が掲げられ、教室や職員室もあります。しかし、平日の午前中にもかかわらず、校内はひっそりとしていました。

「生徒たちは今、どこにいるんですか?」

この質問に対する学校関係者の答えは衝撃的でした。

「みんな予備校で勉強していますよ。ここに来るのは、試験の時だけです」


もう少し詳しくお話ししましょう。コタの人口の1割、15万人程度の子どもたちが、親元を離れて暮らしています。子どもたちは朝から晩までひたすら受験勉強を行うことになります。この時、完全に本末転倒ではあるのですが、受験勉強が忙しすぎて学校に通っている暇がなくなるため、学校に通っているテイを作り、ただ生徒の籍を置くだけの役割を果たすだけの「ダミースクール」に所属するよう勧められることがあるのです。

通常の学校と違い、ダミースクールではほとんどの学業やカリキュラムが形式的で、実際の授業や学びの場はほとんど提供されません。その代わりに、生徒は外部の塾・予備校に通い、そこで大学入試のための集中トレーニングを受けます。そこでは、IIT－JEE（インド工科大学の入試）やNEET（全国医学入試）のような非常に難関の試験を対象に、専用のカリキュラムや模擬試験が提供されています。

ここに通う生徒は、公式には学生として登録されているものの、ほとんどが実際の授業に参加せず、塾・予備校での学習に専念しています。学校側は、必要最低限の出席や試験を形式的に行うのみで、生徒に学歴や卒業証明書を発行します。要するに、学校の代わりにその隣の塾で勉強できて、授業にも出たことになって卒業もできるという、まさに「偽学校」なわけです。

「ダミースクール」なんて、日本ではまず聞いたことがないと思います。学校による単位のごまかしの不祥事であればそういったニュースもありますが、それとは比べものにならない規模であると私は捉えています。私も、これまでのキャリアの中で、世界の教育業界を色々と見てきましたが、私の知る限り、おそらくインドだけで発生している現象ではないかと考えています。日本でも塾や予備校が学校教育を補完する役割を果たしていますが、「ダミースクール」のような極端な例は、少なくとも私は聞いたことがありません。

「インドの法律では大丈夫なの？」と思う人もいるかもしれません。私もそこが気になったので調べてみたのですが、答えは「倫理的な問題はさておき、法律的には条件を満たしている」ようです。インド人の友人何人かにも聞いてみましたが、彼らの回答も同じで、「政府も黙認しているからね」と。問題だとはわかっているけれど、使う人が後を絶たない、いわゆるグレーゾーンとして機能しているのです。

インドで暮らしていて心底驚かされるのが、このシステムが、公の場で通用していることです。インドで塾の入会相談に赴《おもむ》くと、塾の先生から「うちはダミースクールも持っていますが、使いますか、どうしますか？」と軽く聞かれます。個人的には、ちょっとなかなか受け入れがたいことではあります……。

ダミースクールが流行する理由

ダミースクールに通っている学生の人数については、ダミースクール自体が法的にグレーな組織なので、公的なデータは存在しません。ただし、コタだけでも毎年15万人以上の生徒がコンピューターサイエンスや医学の試験対策に特化した勉強をしていると言われていて、その生徒の大半はダミースクールを利用している可能性が高いです。また、コタ以外にも何ヶ所かダミースクールが存在するそうで、デリー・バンガロール・ハイデラバードなどの大都市でも盛んになっているのだとか。インド全土で見ると20数万人の生徒がダミースクールに登録していると推定されています。インドは5億人の子どもがいるわけですから、全体の1％にも満たない数ではあるのですが、それにしたってとんでもない数だな……と私は思ってしまいます。

ちなみに値段は高級なところだと年間数十万円で、それに加えて寮の費用や食事代がかかるため、インド人の中でも、誰でもアクセスできるサービスではなく、限られた人しか行けないような方法です。必要な費用は、

- ダミースクール登録料：年間30〜50万円
- 塾・予備校の授業料：年間50〜100万円
- 寮費・食費：年間30〜50万円

で、合計で年間100～200万円程度が必要となります。

これはインドの一般的な世帯年収（約30万円）の数倍に相当する金額です。にもかかわらず、多くの家族がこの費用を工面してでも、子どもをダミースクールに送り出すのです。

ダミースクールが使われる背景には、インドの大きな教育格差があります。都心部と地方都市、あるいは公立校と私立校の間には、設備の充実度や教員の質、提供されるプログラムの内容など、さまざまな面で違いが見られます。この格差のため、自分の通う学校の授業だけでは難関大学の入試に太刀打ちできないと考えた多くの生徒が予備校に通い、受験テクニックの徹底指導や大量の模擬試験を通じて、合格に必要なスキルを磨いていくのです。学校に通わずダミースクールに籍を置いて、ひたすら塾で受験勉強だけに向き合ってきた生徒たちは、勉強の面白さではなくテクニックだけを学んでいるわけで、その精神的なストレスは、想像を超えてあまりあります。

これは、完全に私の受けた印象でしかありませんが、こうした生活を送って大学生になった人たちは、どうしても社会性が弱くなりがちのように感じます。ダミースクールに通いながら勉強だけをしてきた子と、受験勉強もやりつつもきちんと学校に通って学んできた子とでは、話せば違いがすぐにわかるほどです。私の主観にすぎませんが、ダミースクールを利用して勉強した学生は、明らかに他の学生と比べて、精神的に幼い印象を受けます。

受験戦争の中でインドの子どもが目指すもの

ここまででおわかりいただけたと思いますが、インドの教育格差は、かなり大きいと言わざるを得ないでしょう。もちろん、受験自体は誰でも出願することができますし、点数さえとってしまえば、平等に点数で評価されます。しかしながら、その前提として、お金を持っている人であれば、ある意味、受験に合格しやすい環境を手に入れやすいし、一方、裕福でない人であれば、そもそも受験をするステージに立つこともままならない、ということもあるわけです。

しかしそれでもやはり、ペーパーテストは一定の平等性が担保される仕組みとして機能していることは事実であり、**どんな状況からでも勉強しさえすれば経済格差や差別を乗り越えられると、多くのインド人は本気で勉強に取り組んでいます。**10代が命を削って勉強して切磋琢磨しているからこそ、インド人は優秀な人材として世界に羽ばたいていくのです。

意外に思われる方もおられるかもしれませんが、インドの大学生の男女の割合を見ると、2020年のデータによると、男性が約60%、女性が約40%となっています。つまり、女性も大学で学んでいますし、名門大学に行っている人であれば、女性であってもほぼ差別されずに仕事に就くことが可能になっています。受験競争においては、男女もカーストも貧富の差もなく、能力だけで見てもらえるからこそ、このようになっているのでしょう。やや極論にはなってしまいますが、受験で頑張ることで、男女もカーストも関係なく生きられるという夢があるから、インド人はがむしゃらに頑張れるという側面もあるのではないでしょうか。

また教育格差を是正する取り組みの一つとして、少し先述しましたが、2013年に施行された「企業の社会的責任（CSR）法」により、一定規模以上の企業は利益の2%を社会貢献活動に使うことが義務付けられています。この中には教育関連のプロジェクトも含まれており、多くの企業が学校の建設、教育資材の提供、奨学金制度の設立などに寄付しています。町をあげて受験を応援するカルチャーがある上、もともとインドにはこうした寄付や施しの文化が根付いているため、奨学金が日本をはじめ他の諸外国と比べても、ある程度充実していると言えます。これによって、そうした機会を活用することができれば、裕福ではない家庭からでも受験に挑戦する間口が用意される土壌になっている、とは言えます。

しかし見方を変えると、これもまたインドの教育過熱化の原因の一つにもなっています。これだけ社会全体が受験というものを応援していると、受験生たちにとっては本当に大きなプレッシャーになってしまうのです。

第1章に書いたように、**インドでは街中にもインド工科大への合格者を掲示するポスターが貼ってあります。**「この街からはこれほど優秀な若者が輩出されました、我が街の誇りです」といった具合です。これは、街を挙げて受験を応援した結果がこんなに現れています、というアピールでもあります。日本の「大学入学共通テスト」に当たる試験で満点をとった子が「トッパー」と言われて新聞にも掲載され、若者たちの憧れの存在であることも既に述べた通りです。

理系人材に優秀な人材が偏っていることも、大きな問題の一つです。例えば、インドにおいてエンジニアと医者の人気は圧倒的で、ここまでに登場した大学もほとんど理系の大学です。弁護士や商社マンなど文系の職業は日本やアメリカでは比較的人気ですが、インド人の間ではあまり人気のない職業とされています。学校も塾も自治体も、ＩＴ人材や理系人材の育成に力を入れすぎていて、それ以外の職業・それ以外の才能があぶれてしまっているのです。結果、若者が目指す道を見失ってしまっている場合も多く、これは大きな問題だと言えるでしょう。

公式なデータがあるわけではありませんが、**私の印象としては6～7割の子どもが理系を目指しています**。しかし実際に理系大学に進学できるのは3割程度です。先ほどもお話ししましたが、大学の数が足りていないのです。そしてそれ以外は文系の学部に流れ、就職でも苦労することになります。学校も塾も受験指導に特化しすぎていて、進路指導やキャリア教育のようなこともあまり行われていないため、子どもたちが将来のビジョンを持つことができない、選択肢が広がっていかないという問題もあります。高校時代にとんでもない量の勉強をしている、日本人の感覚で言えばとても優秀な学生であっても、大学卒業後に就職できない割合が約3割で、その原因はこの構造的ないびつさにあるのではないかと考えられます。

総じて、ペーパーテスト一発勝負の試験が行われていることにより平等性が担保されている一方で、大学受験に人生が掛かっており、ここで勝てるか勝てないかによって人生が大きく左右されてしまうのがインドの受験です。

日本でも、2000年代に入るまではインドと同じようにペーパーテスト式の一般入試による大学受験が一般的で、大卒の割合もまだ低く、学歴によって人生が左右される面が強い社会でした。しかし学生の数より大学の定員の数の方が多い「大学全入時代」と呼ばれる時代に突入し、日本の状況は変わりました。2000年代に入ってからの「ゆとり教育」の議論や、AO入試・総合型選抜入試の実施・2020年度大学入試改革を経て、今や一般入試の割合は5割を切っており、総合型選抜入試の割合の方が多くなっています。日本の学生の方がのびのびと勉強しやすい一方で、このままでは学力が低下するのではないかという批判もあります。

逆にインドの入試は、本当に人生が掛かっています。ペーパーテスト一発勝負で合格しなければならないからこそ、みんな本気で挑みます。世界で一番人口が多い国で行われる、本気の競争――その成功者は、今の世界の中で一番優秀な人材として認められ、その勢いのまま、GAFAMを始めとする国際的な大企業に就職し、莫大な収入を得る人材になる。またはスタートアップ企業を作ってユニコーン企業を目指して切磋琢磨を始める。インドの強さの根源は、大学受験の過熱化にその一端があるような気がしています。いびつな社会構造を背景に、その歪《ゆが》みを乗り越える手段としてのペーパーテスト一発勝負が過熱化し続けていくのです。

さまざまな批判のある偏った形態であるとも思いますが、日本が2000年以降に失ったものを今のインドは持っているとも言えます。日本も高度経済成長期には同じように「受験戦争」と揶揄《やゆ》されるほどの入試が行われ、多くの人が10代最後のビッグイベントとして受験勉強をしていました。「4時間睡眠だと合格だけど、5時間睡眠だと不合格」という意味で「四当五落」という言葉もあったほどです。これだけ苛烈《かれつ》で大変なイベントが行われていたからこそ、この経験を乗り越えた若者たちは、社会に出てからも切磋琢磨できていた、という見方もあるのかもしれません。その意味で言えば、今インドで起きていることはある種、日本の高度経済成長期と非常に近い部分も多いのではないでしょうか。それがインドという、英語が話せて、グローバルに最もニーズのあるIT領域と密接に関連した理数教育が進み、さらに世界で一番人口の多い国で行われているから、当時の日本よりもさらに苛烈化し、結果の差が色濃く出てしまっているのかもしれません。

受験の闇「セブンイヤーズ・トラウマ」

本章も終盤ですが、ここでインドの受験システムの功罪の「罪」の部分に対して、より具体的にみなさんに共有させてください。

「インド工科大卒になれさえすれば全てが変わる」というほど学歴が大きな意味を持つインド社会で、子どもたちは、親や先生など周囲の期待に応えようとしてしまうあまり、「なぜ勉強しなければならないのか」「自分が本当にやりたいこと、勉強したいことは何なのか」を考えない傾向にあるように思います。**「とにかく受かりさえすればなんでもいい」**という考えに陥ってしまうのです。

テレビドラマに『コタ・ファクトリー』という作品があります。2021年に公開されたこのドラマシリーズは、日本でもネットフリックスで観ることができるのですが、まさにインドの受験の聖地であるコタの様子が描かれているドラマです。2024年時点でシーズン3に突入しており、現在も制作が続けられています。

その作中に「セブンイヤーズ・トラウマ」(7 years trauma) というフレーズが出てきます。文字通り「7年間のトラウマ」という意味ですが、これは、自分を偽って勉強を続けてしまうのであれば、「高校(受験勉強)と大学生活の7年間は、監獄生活のようなものになってしまう」という意味合いです。インドでは、詐欺《さぎ》罪での収監が7年間程度の懲役になるのですが、それと受験生活が似ている、というようなニュアンスも含まれています。

受験生たちの内心を想像すると、こうなるでしょうか。

「周囲の期待に応えようとするあまり、自分を誤魔化して、自分がしたい勉強じゃなくても、インド工科大に行きたいわけではなくても、自分を欺《あざむ》いて勉強に勉強を重ねていく。その結果、仮に受かったとしても、自分がしたい勉強が見えているわけでもないし、やりたいことがあるわけでもない。逆に、無事に受かればいいが、落ちて第一志望ではない大学に入ってしまったら、今度は自分を偽ってまで集中してきた勉強が報われなかったことがトラウマとなってしまう。受かっても落ちても、その心理的ストレスから逃れる・克服するのに3、4年くらいかかる。結果、大学受験の期間の約3年間と大学生活を合わせた合計7年間くらいが、受験によって生まれたトラウマのような期間として生まれてしまう」

これはドラマ上のフレーズでもなんでもなく、私がインド現地で、実際に何度も何度も見聞きしたフレーズ、そして光景でした。やりたくないことでも耐える、親の期待に応えるために仕方なく勉強する、そして受かっても落ちても、本人にとって幸せとは限らない人生が待っている。私が何かを言えた立場ではありませんが、本当に胸が苦しくなるようなことです。

私が日本で出会ったインド人の友人がいますが、彼はインド工科大を卒業した後に、大学院で東京大学にやってきて、博士課程まで在籍していました。専攻している分野を聞くと、インド工科大で学んできたエンジニアリングやコンピューターサイエンスとは全く関係がありません。理由を聞くと**「インド工科大に入るまで、自分はなんの勉強をしたいかなど考えたことがなかった。それが、大学に入って生活をするうちに、エンジニアになりたいと到底思えない自分に気づいてしまった」**「自分はなんの勉強をしたいんだろう、どんな人生を送りたいんだろうと思った時に、インドではなく、日本の東京大学で勉強することのほうが、自分にとって幸せな人生だと思えるようになって、日本に引っ越してきた」「そこから本当の人生(real-life)が始まった」と。

せっかくトップ大学に受かっても、「これって本当に自分がやりたいことだっけ?」と、やっていることの意義が感じられなくなったり、燃え尽き症候群に陥ったり、という副作用も起こり、それを克服・脱却することで「本当の人生が始まる」という感覚、これは日本の高校生・大学生にも一定程度あるのかもしれませんが、それにしてもインドにおけるその度合いは明らかに強いものなのではないかと考えさせられます。

また、高校生活の間で成績が伸びなかったり、受験のプレッシャーに押し潰されて自律神経失調症に陥ったり、受験に失敗して、最悪の場合自殺してしまう子どももいます。インドの高校生の間では、受験の失敗や成績の不振によって自殺してしまうケースは非常に多く、2021年には1万3000人以上の学生が自殺したと報告されています。これは1日あたり約35人に相当します。ちなみに日本では厚生労働省や警察庁のデータに基づくと、自殺する学生の数は年間300~500人程度と言われています。インドの人口は日本の10倍以上ですが、それでもインドの高校生の自殺率は非常に高く、この原因に、インドでは入試や試験の結果が将来を大きく左右するという強い社会的圧力があり、多くの学生が精神的に追い詰められていることがあるのは間違いありません。

このような異常と言わざるを得ない状況を改善するため、インド政府が行ったのが、本章前半でも紹介した大規模な教育改革「NEP2020」です。詰め込み主義の勉強ではなく、日本でいう「思考力・判断力・表現力」を培《つちか》う教育を目指し、カリキュラムもこれまでよりも柔軟なものとしていく、さらにはインド工科大に加えて高等教育機関を増やしていくことで良質な受け皿の増加を目指していくという目標に向けて改革が進んでいます。

就職においても、大学名や学部は大いに問われるものの、ジョブ型の雇用体系ではあるので、結局は付け焼き刃の受験スキルではなく、本当に仕事に活かせる実践的なスキルを身につけていく必要が出てくるのでしょう。海外の大学や企業に活路を見出す若者も出てきています。

ちなみに余談ですが、近いうちにインドの大学入学共通テストに当たるものは、紙の形式からPCベースのCBT（Computer Based Testing）に変更される予定です。内容としては今と同じ4択の選択式ベースで、一部記述式が導入されると考えられていますが、もしかすると変わっていくかもしれません。このように試験が変わっていくと、また受験のあり方にも影響が出てきそうです。

今のインドは高度経済成長期の日本

繰り返しになりますが、インドの今の状況は、ひと昔前の日本と似ている面があると思います。日本でもベビーブームとともに受験競争が加熱した時代がありましたし、学歴社会でもありました。もちろん、人口も経済発展状況も、かつての日本と今のインドで状況はかなり異なりますが、「経済成長の中で受験が過熱化する」→「それに伴って優秀な人材がたくさん輩出される」という流れはどこの国にもあることです。とはいえ、インドは世界で一番人口の多い国です。世界で一番競争が激しい分だけ、歪みも大きいわけです。

インドもきっと、日本と同じように、この加熱化する受験戦争が終わると、学歴だけでは通用しない社会に進んでいくことと思います。しかしそれにはきっと、70年近くかかるのではないでしょうか。かつて日本がそうだったように。

そう考えると、日本は日本、インドはインドと言ってばかりもいられません。変化の激しい時代に、ハングリー精神全開にグイグイ進んでいくインドは強い力を持っています。現地でこの勢いを体感すると、日本はこれからどう戦っていけばいいか、考えざるを得ません。

本章ではインドの受験戦争がいかに凄まじいかを見てきましたが、世界のCEOなどを担う人がそのような環境から出てきたわけですから、今の日本にもその気質に学ぶべきところがあるはずです。また、日本人として別の角度からインドをよりよくする助けになることもあるはずです。そういった日本とインドの比較から見えてくる点について、第4章では対談形式でお話ししたいと思います。

第4章

インドから見えてくる日本の未来

松本陽×西岡壱誠

対談する著者・松本陽（写真左）と西岡壱誠（写真右）

西岡　４章では、本書の企画および全体ディレクションを担当させていただいた西岡壱誠と、著者の松本陽さんで、「これからのインドと日本」をテーマに対談させていただきます。僕は普段、東大生作家として勉強法を伝える本を執筆したり、いろいろな学校で講演を行ったり、漫画『ドラゴン桜２』を編集したりと、日本の教育分野で活動しています。

まずシンプルに松本さんにお聞きしたいのですが、やっぱりインドってすごいですか？

松本　色々な考えはありますが、シンプルに言えば、私はすごいと思います。ここまで書いた通り、都市やエリアごとに本当に千差万別の違いがありますし、重厚長大系の産業なのかＩＴ系なのかとか、見る場所によって全く変わってくるのですが、大きな括《くく》りとしてのインドではなく、「どこのセグメントにおける、どこのティアを切り取ったインドなのか」っていうことはもちろんあるんですけど、そういうのも色々考慮し総合して、私が経験した限りにおいてのインドは、やっぱりすごいと感じます。その一番の理由は**「伸びている国なんだな、どんどん国が良くなっているな」**と毎日感じられるところだと思いますね。

西岡　「伸びている国」を毎日感じるのはどういう点ですか。

松本　毎日、インドという国がどんどん良くなっていっているということが、手に取るようにわかるんですよね。それこそ、第1章で書いた「毎週新しい大学ができている」というのがわかりやすい例です。

他にも、インドで会社を経営・運営する立場から言うと、年に1回か2回、翌年もしくは次の半年間の事業計画を立てるという仕事があります。その中で、売り上げの目標設計もですが、何にどのくらいのお金を使っていくのかというコストを算出することになります。その時に社員の給与をどう見積もるかが、インドと日本の違いが明確に出るポイントの一つだったりします。具体的にいうと、インドの方の給与は、毎年毎年、少なくとも10%は上げていかないとね、という話がCo-Founderから出てくる。特定の誰かだけでなく、全員、です。

これは今の私の会社のみならず、ベネッセインディアでも同様の議論がありまして、最初、私は結構驚きました。日本で、全員が毎年10%給与が上がるって、恐らくあまりないと思うんですよ。もちろん仕事を頑張ってパフォーマンスが良ければ上がると思うんですけど、インドのように自動的に全員一律に上がっていくのは、日本ではあまり聞かないですよね。でも、インドって経済成長がすごくて、毎年物価が6~8%くらい上がっていくので、**年10%ぐらいは給料が上がっていかないと物価上昇に追いつかない**んです。なので、特に暴利を貪《むさぼ》ろうとしているとか、無理難題を言っているのではなくあくまで「当然上げるもの」という感覚なのです。ベネッセインディアで最終的にそういう数字に設定したかどうかは confidential なのでここでは触れませんが、そういった議論自体があることも含めて、日常的に、ああ、インドってやっぱり経済の伸びがすごいんだな、ということを強く感じます。

もっと些細なことだと「なんか先週よりスタバの値段が上がったな?」とか。日本でスタバの値段が上がると、結構驚かれるし、多分ニュースになるんだけど、インドでは値上げが日常的に起きるんです。

西岡　ニュースにすらならないわけですね。

松本　そうです。それこそ私が日本に帰っていた1週間の間で、帰国前に食べたレストランの定食が帰国後には100ルピー上がったとか、そういうのにもう驚かなくなってくる。そういうことがたくさん起きるので、盛り上がってるのを息を吸うように感じられる。そういうのってやっぱり楽しいですし、インドの人のマインドセットにも、前向きないい影響を与えている側面はあると思います。

一方で日本に帰ると、牛丼の値段が10年前に比べて150%アップしたとかのニュースを見ます。インドに住んでいる感覚からすると「そりゃそうだろ、むしろ150%しか上がってないのか……」と思ってしまう部分もあります。

西岡　牛丼でインドと日本の違いを感じるわけですね。確かに、インドのようなイケイケ感は日本にいると感じられないですよね。

松本　もちろん、日本にもいいところはたくさんあると思うんですけれど、やはり今のインドはとんでもないです。**スタートアップの分野においても、2022年か2023年は、毎週ユニコーン企業が生まれている時期もありました。**日本では今、ユニコーン企業って多分4社くらいですよね。でもインドのように毎週ユニコーン企業が生まれていると、それに触発されて、チャレンジ精神が身につきやすい。変な言い方ですけど「あいつにもやれるんだったら、俺もやってみようかな」と思えるところが、前向きになりやすい要因ではないかと思います。

必ずしもいいことばかりかはわからないですけれど、**チャレンジすることへの精神的なハードルが下がる**のは素晴らしいと思うし、私は生きやすいな、生きていて楽しいなと思えることが多くありますね。

西岡　日本にいると、「スタートアップかあ、でも他の人はあんまりスタートアップやってないし」みたいな空気感があるじゃないですか。だけどインドだと、スタートアップの数の爆増度合いはすごいですもんね。

松本　8年で約467倍ですからね。

西岡　すごすぎですよね。14万社という数字にもスケールの大きさを感じさせられます。

人との付き合いによって触発される若者が多いんだろうな、と。
あと、インドは規模がとんでもないですね。「Tハブを2000社に利用してもらう予定」って、桁が1個違うんじゃないかとさえ感じます。

インドから見た日本は「いい国」

西岡　インドの大学と日本の大学の違いって何だと思いますか？

松本　インドの大学を日本の大学と比べた時の一番の違いは、大学の機能が研究だけじゃなく、産業振興や成長戦略の中核となっている点です。例えば大学のキャンパスも超広大なんです。そこに電車や道路が通り、その交通網沿いにいろんなものが広がっていく。その1つ1つがすごい規模なわけです。行ってみたらわかりますが、だだっ広い空間が見渡す限り大学で、その隣に見渡す限りの広大な研究棟が建ったりしていて。その隣にマンションができて、スーパーができて……というのが今のハイデラバードであり、バンガロールやデリーなどいろんなところで起きています。日本だと、あえて言うならば、つくば市のイメージが近いかもしれないですね。筑波大学ができて、つくばエクスプレスが通って、その沿線に住宅や病院、商業施設ができ、一つの生活圏・経済圏が成立していくような。

西岡　イメージはできますが、それにしても規模がでかいですよね。でも、お話を伺っていて、インドは日本の焼き直しであるとも思うんですよ。インドの受験システムを見ると、日本の高度経済成長期の焼き直しみたいな印象もあります。ただ、そうはいいつつ、規模が日本の10倍とかじゃないですか。かつ、昔の日本と今のインドで違うのは、テクノロジー重視の理系需要みたいなものがとんでもない。日本はこれから世界の成長に置いていかれるのかな、とも思ったんですけど、そこはどのようにお考えですか？

松本　そうですね、ちょっと難しい部分ではあるんですが、僕が接したインド人の日本への愛着というか親日度は総じて高いと言っていいと思います。
その理由はいろいろ考えられますが、まず、日本って敗戦国じゃないですか。第二次世界大戦に負けた国、ですよね。そんな国が60年代前後から復興していって、高度経済成長というものがあり、一時期、1989年には世界の時価総額ランキングトップ50のうち32社が日本企業でしたよね。

1989年にはロックフェラーセンターを三菱地所が買収したみたいなニュースを、インドの方々も知っているわけです。アメリカの象徴とも言える建物を日本企業が押さえていくっていうのは、インド人から見てやっぱり……。

西岡 憧憬《しょうけい》があった、と?

松本 あったみたいなんですよね。インドの方と一緒にお酒を飲んだりする時に、よく**「80年代ぐらいまでの世界のイノベーションはほぼすべて日本だった」**と言われることがあります。まあ、さすがに言い過ぎですけどね。基本、言葉の全部に対してオール(All)とかエブリ(Every)が付くんで(笑)。

なので、本当に「すべて」ではないと思うんですけど。なのでちょっと控えめに言いますが、少なくとも世界のイノベーションのいくつかは日本から生まれてきた、それこそ家電やテレビ、洗濯機や車などはそうであったと私も思います。インドの車のシェアのうち、いま半分くらい多分日本車なんですよね。スズキのインド現地法人がまず圧倒的シェアを持っていて、町を走っている車もやっぱり日本車が多いんです。**日本という一度戦争に負けた国が戦後あれだけ復興し、新しい技術を作ったというのに、すごく憧れがあるんだ**と思います。日本に対して、インドでも世界でも使われるプロダクトを生み出してきた国としての愛着や尊敬はあるんじゃないかなと、話していて思います。

だから、私がインドで「やっぱり日本ってもうダメなのかな」みたいなことを言うと、「ん？　言っている意味がわからない」と。

西岡　意味がわからない、ですか。

松本　うん、シンプルに理解されないんですよね。日本の閉塞感とか、失われた30年みたいに言われる空気が日本にあることも、およそ理解できない。

さっきの事業計画を立てる際の昇給率の話でも、「インドだと毎年10％上がっていくんだね、すごいね」と話をしたら、「日本は何％なの？」と言われて。「いや……0じゃない?」と答えたら、「この数字の定義は理解できたか?」と言われまして(笑)「いや、おそらく100%理解しているんだけど、そうじゃなくて、日本は多分0%なんだよね……」と言うと、「そんなことはあり得ない、なぜだ? じゃあ日本では給与はいつ上がるんだ?」とさらに畳み掛けるように聞かれて。仕方なく、「一定期間その会社に勤めるか、頑張ってパフォーマンスを評価された時に上がるんだよ」と回答すると「……? その時だけしか日本では給与は上がらないのか? みんななぜ日本企業で働いているんだ?」と唖然《あぜん》とした表情をされ、その議論だけで1時間くらい費《つい》やしたのが印象的です。

西岡 そんな感じなんですね(笑)。

松本 学校に行けばナルト、ワンピース、ドラゴンボール、呪術廻戦……英語版の名前はちょっと忘れましたけど。

西岡 呪術廻戦もやってるんですか、流行が早いですね。

松本　ええ、もちろんやってます。なので、私は日本人よりインド人と喋っている時の方が、「日本っていい国なんだな」と感じますね。日本に帰って日本の友達と喋って、「やっぱインドの方がいいよね、日本ってもうダメだよね」みたいな話を振られると、なんかこう……。

西岡　違和感があるということですね。

松本　そうです、まさしく違和感。多分、「日本はすごい」というインドの感覚と、「日本はもうオワコンに近い」という日本の感覚は、おそらくどちらもある程度正しい。ある側面を切り取ったら両方合っているんです。逆に言えば、どちらもある側面を切り取ったら「別にそうじゃない」とも言えるわけなんですけど、私がインド人たちから聞いた日本という国は、今でもすごい国です。

あと、インドはやっぱり、歴史的に植民地支配を受けていた国じゃないですか。多分そこで日本と重なる部分もあると思うんですよね。日本も第二次世界大戦後、一時的ではあれ他国の統治を受けていますから。日本はそこから大きくなった国なんだから、「未来がない」とか「産業が出てこない」とか言うと、違和感を持たれるわけです。「全然できるだろ、あの日本なんだから」みたいな。

西岡 日本には、その感覚を持って生きている人はなかなかいない気がしますね。今の世の中においては。でも、そういう発想をこれからの日本人は持っておかなければならないのかもしれません。

日本の教材はインドで高評価

西岡 ちょっと話を変えて、受験や勉強などの教育方面の話をしたいと思うんですけど、松本さんはベネッセインディアの取締役として、どのような活動をされていたんですか?

松本 私はもうベネッセを退いた身ですし、今も事業をやっているメンバーの方々がおられますから詳細は差し控えますが、会社ホームページをベースにお伝えできる範囲でお話しすると、ベネッセインディアはインドの大体中学生から高校生くらいの年齢の生徒さんおよび学校を対象としてご支援させていただくサービスを、様々な商品として提供する、ということをしていました。具体的に言うと（あくまでホームページに記載のある情報として申し上げると）、日本で言う模擬試験やその後の復習用の教材、それらと関連しての学校に対する伴走のご支援であったりを、紙とデジタルの両方で提供しています。すごく平たく噛み砕くとするならば、いま日本でベネッセが学校向けにご提供中のサービスと近しいことをインドでも始めた、というのが近いかもしれません。

西岡　なるほど。日本ではベネッセと言ったら模試のイメージがあるんですけど、インドでも日本の模試は需要があるんですか？

松本　インドの学校からの評価はとても良かったという所感を持っています。理由は色々あるものの、守秘義務に触れない範囲で言えることとして、一つは作問、つまり模擬試験で出題する問題のクオリティが非常に高いと言っていただけること、だと私は思っています。

西岡　クオリティですか。そもそも、日本の問題をそのまま提供しているわけではないですよね？

松本　はい、もちろん日本で作った問題をそのまま英語にするわけではなく、インドチーム・日本チーム一緒に、新作として作っていました。その問題作りの過程や、実際に完成したものをお見せしたときに、インドチームだけでなくインドの学校の先生からも「とても良い品質」と評価してもらえます。

例えば4択の問題を作るとして、選択肢を4つ用意する時に、日本だと「あるべき誤答」という概念があるんですよ。不自然な表現かもしれないですけど、要は「これを間違えたってことは、ここがわかってないよね」と。

西岡　ああ、なるほど。不正解の選択肢にもちゃんと意図があって、「こっちの選択肢を選んじゃうってことは、ここでつまずいているよね」とわかるようになっているんですね。

松本　そうです。例えばインドの学校や塾で配布されている問題集に掲載されている問題を見る中で、4択問題だと例えば選択肢が「A、B、C、X」みたいな感じで、これはどう考えてもXだな、とわかっちゃうケースも一定程度あるんですよね。

西岡　なるほど。インドはまだ問題の作り方が下手な場合が多いんですかね。

松本　下手かはわかりませんが、ベネッセに限らず日本の教育産業における品質が総じて高い、ということなのかもしれませんが、日本で配布されている問題集のクオリティを見ていると、その差分は見えやすいかもしれませんね。ですので、どういう背景でこういう問題の作りになっているかを説明すると、**「すごくよくできてるな、素晴らしい！」**と言ってもらえたり、ご納得いただけたりします。

西岡　そういう点においては、やっぱり日本の教育っていうのはすごいんですね。

松本　「かなりちゃんとしている」と評価くださいます。ベネッセインディアで当時、模試を採用してくれた学校の先生たちが「ベネッセに入りたい」「問題の作り方を私たちにも一から教えてほしい」と言ってくれたことがあります。今私がインドでトライアルをしている、インドの高校生向けのキャリア支援事業・オンライン家庭教師事業でも、私たちにとっての「至極当たり前の品質」が、驚くほど高く評価されて受注につながることも想定よりも多いです。そういう意味でも、教材のクオリティやこだわりへの信頼度は、日本の方が高いのかと、手前味噌ですが思います。

西岡　**我々が培ってきたものがインドでも活かせる**んですね。

ちょっとコアな話ですが、インドと日本では学校のカリキュラムってほぼ同じなんですか？　数学一つとっても範囲が全然違うんじゃないの、微分積分とか出ないんじゃないの、とか思うわけですが、その辺はどうなんですか。

松本　科目によって濃淡はあるんですけど、数学はほぼ同じと言っていいですよ。理科だと、例えば生物に性教育が入ってくるとかの違いが全体の1割くらいありますが、6割くらいは同じでしょうか。だから、インドのカリキュラムだから全然違っていて何が何だかわからない、という印象はあまりないですね。学年の区切りは日本とインドでちょっと違うというか、「これは日本だとインドより先に中1で勉強してるな」みたいなことが若干ありますが、それくらいです。インドではデータ分析や線形代数がクラス11や12の理系とかに入ってたりする場合もあるんですけど。日本でも入ってますよね。だから、それこそインド工科大の試験は東大生でも、それこそ西岡くんも解けると思いますよ。

ちなみに、作問のクオリティの話に関連する話では、リアリティ面で疑問符のつく問題も時々見かけます。算数の文章問題にこんなものがありました。

「1分間に腕立て伏せを3600回する人がいます。その人が毎日死ぬほど練習すると、1日あたり5回／分増やすことができます。その場合、1分で3900回できるようになるには、何日、トレーニングを頑張り続ければよいでしょうか？」みたいな。

まあ問うている趣旨はわかるものの、その前に**そもそも1分間に3600回も腕立て伏せしないし、そこから3900回を目指して追加でトレーニングやりたいと思わないだろ、みたいな（笑）**。こんな感じの問題ですが、それでも計算問題としては日本とそんなに変わらないです。

西岡　一学年だけで数千万人が受ける試験を作るのは、大学側も大変かもしれないですね。

松本　そうですね。しかもカンニングがめちゃくちゃ横行しているので。

もうイタチごっこに近いんですよ。例えば、試験会場でデスクが3列並んでいたら、3列すべて問題が違うんです。大問1、2、3の順番が変わっているとか、同じ計算式だけど若干数字が違うとか、カンニング対策のために手を替え品を替え問題を変えてしまうんです。全く違う問題にすると難易度が違ってしまうので、あくまでちょっとずつ。試験側も手をこまねいてるわけじゃないんですが……いたちごっこですね。それすらかいくぐって点数を稼ぐ人もいます。

トッパーの実態

西岡　あと、第1章、第3章で「トッパー」が「憧れの職業」になっている、とあったんですが、あれってどういう意味なんですか?

松本　日本で言うところの「共通テスト満点者」みたいな意味合いなんで、厳密には職業じゃないんですが、それぐらい憧れのものとして塾が売り込んでいる、と理解していいと思います。

西岡　日本で言う「末は博士か大臣か」みたいな形で、「お前らはトッパーになるんだ!」と言われているということですね。

松本　ですね。満点を取ることが、少なくともインドの中学生、高校生にとっては職業や将来の夢と同じくらい、目指すべきものとして認知されているんです。小学生に「将来何になりたい?」と聞くと、「サッカー選手」「会社の社長」などと同じテンションで、「トッパー」が答えに挙がってくる。

西岡　トッパーって、インドに何人ぐらいいるんですか。

松本　少ないです。まず、トッパーの定義って難しいんですよ。トッパーの定義自体は「テストで100点満点中の100点を取った人」のことを指しているんですが……。

西岡　インドの大学入試試験、日本で言うセンター試験・共通テストみたいな試験があって、それで満点が取れた人、みたいな意味ですかね。全科目満点でないといけないんですか？

松本　それもいくつかあって。まず、テストのスコープが3つぐらいあって。オールインディアランク（ＡＩＲ）と言われているのが日本でいうセンター試験みたいな、みんなが共通して受けるもの。これで全科目満点の人をトッパーと呼びます。

ただ、それとは別に、インド工科大を受ける人たち用の、ＪＥＥアドバンストというもう1段階上の共通試験があるんです。要は、日本で言うセンター試験と東大入試の間にもう1回試験があるようなものです。そこでもまたフルマークはあるんですけど、さすがに難しすぎるんで、トッパーの定義が本当に満点の場合もあれば、その年の1位が満点じゃない場合は、97・5％でも「トッパー」と紹介されたりして、その辺はかなり曖昧です。

西岡　なるほど。オールインディアランクとJEEアドバンストの2つの試験の点数の上位者がトッパーなのですね。人数は何人くらいなんですか。

松本　これが実は難しくて。私もインドのいろんな有名塾のAIRのリスト化をしていた時期があるんですよ。どこの塾がトッパーをたくさん出しているのかをまとめたんですが、全員足すと、国が公表してる人数より6倍ぐらい多かったんですよね。

西岡　あー、日本でもありますよね。大手予備校の東進と河合塾と駿台が公表している東大合格者数を足していくと、東大の定員である3000人より明らかに多くて、「駿台と東進の両方に通っている人がいたのかな」という推論になります。

松本　国が出している記録もあるんですけど、確か全部は公表されなくて。自分が受けた時に自分のIDで見に行くと、自分の得点率はわかるんですね。

西岡　トッパーって3000人とか5000人とか、それぐらいの規模なんですかね。

松本　全然、そんないない。一番でかい塾でも確か「トップ100に30人入ってます」というくらいだから、全部で100人くらいでしょうか。

西岡　じゃあ本当にトップオブトップなんですね。すごいな。日本では共通テストが満点だったからといってそこまで評価されるわけではないので、そこはインドと日本の違いですね。日本ではそれより、合否や学歴が評価されているイメージです。で、インドでは街にトッパーが貼り出されたりするんですよね。

松本　そうそう。「この塾から出ました」「この街から出ました」と。トッパーが出たとなると、もう新聞にも載ります。

西岡　新聞に載るのも正直、日本の感覚で言うと本当によくわかんないですね（笑）。

松本　すごいですよね。顔写真つきでデカデカと街中に貼られ、車に乗っていてもわかるくらいの本当に大きなポスターを見ると、この人は昨年度のAIRで1位の人だった、みたいな。本名も載っているんで、個人情報がどうなっているのかとは思いますけど。

西岡　それってインド全域の話なんですか。それとも北インドだけとか、一部の地域だけで盛り上がってる感じなんですか。

松本　インドの農村部ではそこまではないかもしれません。「その村の神童がいる」みたいな例外はあるかもしれませんが、私が知る限り、受験マーケットとして熱い地域ほどそういったデモンストレーションがなされているイメージです。

インドの教育は平等ではない

西岡　農村と都市で言うと、インドの教育は平等だと思いますか。

松本　それは思わないですね。もちろん、どのような定義や観点で考えるのか、にもよるんですけど、それでも平等と言える状況にはないと思います。

私の友人に、インドの貧しい農村地域に教育を届けるという理念を持って活動している人がいるんですけど、彼の話を聞くと、その地域における現状は、もう1日何十円・何百円しか収入がないご家庭もあるような、いわば青空教室の環境の中で、古いPCを企業等の寄付で譲り受けて勉強しているというものです。そんな場所もまだまだ数え切れないくらいあります。

一方で、私の活動の中心となっているデリーやグルガオンなどのシティの親御さんたちの中には、年収が日本人と同じくらいもしくはそれ以上あるご家庭も沢山あり、塾・予備校も無数にあって、子どもたちは学校が終わったら塾に行く、しかもその塾も、日本人が見ても全く違和感がない綺麗な校舎で、空調も完備されていて、静かな自習室もある、言ってしまえば至れり尽くせりの環境です。なので、例えばそういう点だけ取ってみても、教育の機会の平等があるとは私は言えません。もちろん日本でも、都会と地方では違いがあると思いますけれども、インドにおけるそれは、その度合いが激しいと私は思います。

西岡　昔の日本でも、「苦学生」って言葉があったり、「蛍の光で勉強する」みたいなエピソードがあったりしますけど、そういう環境でも頑張ったらいい大学に行けるという夢が少しはあったじゃないですか。

古くは中国の科挙の時代だと、村で1人、科挙に合格する子を作ろうみたいな動きがあったりしましたが、「村をあげてこの子を応援しよう」という流れはインドにあったりするんですか？

松本　そうですね、あるなしでいうとあると思います。そうした場合の一例として、第3章で述べたような、予備校の街コタに村をあげて、地域をあげて子どもを送り出すというケースも見聞きします。家族やその親族の未来を託せそうな、勉強ができる子どもにお金を投下して、期待を一身に背負った子どもがとにかく勉強するという現象は一定あるように思います。

でも、これも社会の闇なんですけど、そうすると、そういう期待を背負わされている子たちほど、メンタルを病んでいく形になるんですよ……。第3章でインドの受験による自殺の話もしましたけれど、やっぱり14歳、15歳で村や家族や親族の未来の期待を背負って勉強するのは、あまりに酷ではないかと私は感じます。「インド工科大に行かなくちゃいけないんだ、そうでないと自分には価値がないんだ」という価値観になっていて。ちょっとプレッシャー過剰だと私は思います。

西岡　でしょうね。日本ではそんな話は聞かないです。

松本　なので、地域を背負って一発逆転を支援する話があるかというと、一応ある。でも、そういう子が本当に受かっているかというと微妙なラインでしょう。つまりドロップアウトしてしまう場合もあります。

あと一応、カーストはもうなくなったってことになってるんですけど、インド工科大とかの中にもカーストに配慮したシステムはあるんですよ。第2章でも少しお話ししましたね。大学だけじゃなく塾にもあって、「ちょっと経済的に苦しいご家庭の子は、別試験で入ったらいいよ」とか、「学費は納めなくても奨学金を出すから入っていいよ」とか、そんなシステムもあります。でも、特別枠で入った子はついていけない場合があるとも聞きます。

西岡　勉強に置いていかれてしまうということですかね？

松本　勉強の内容もそうですし、同級生とのコミュニケーションや文化の違い、そういうのを全部ひっくるめて、でしょうね。日本でも、地方から東京に進学した場合に「東京の人が話している話題と、地元の友達とで話す話題に差が大きく、ついていけない」「学力のベースにある社会資本にギャップがありすぎる」という話を聞いたことがありますが、そうした話と似たようなギャップがあるのかもしれません。

こういうふうに、機会の差を埋めに行こうとする努力は国もしているんですが、まだ全然道半ばで、特別枠で入ってもうまくいかない。そういう枠に入るための勉強にもまた、プレッシャーがかかりすぎてしまっています。

西岡　なるほど、難しい問題ですね。

松本　私が見たインドは、あくまでミドルからアッパーミドル層以上の子たちやそのご家庭の教育の話なので、インド全体で見るとポジティブな話ばかりではありません。

西岡　やっぱり格差社会というか、資本主義的なニュアンスがインドはすごく強いですね。中国の受験ともまたちょっと違います。中国だともっと社会主義的なニュアンスがあって、教育の平均水準を高めようという流れがあったと思うんですけど、インドは教育も資本主義的ですね。

松本　そうですね。特に今のモディ首相にその色が強いようです。もしかしたら首相が変わったり政権が変わったりすると、また違う方式になるのかもしれないですが、少なくとも今はそんな感じです。

インドの超トップ層は国外に行く

西岡　アメリカだと教育コンシェルジュみたいな職業ができていて、大富豪に「1億円ください。あなたの息子さんをこの大学に入れてみせます」と合格を請け負う教育コンサルタント業が結構あったりするんですよ。インドにはそういうのはないんですか？

コタの高額なダミースクールにも10万人が集まるわけで、お金持ち向けの超高額な教育ビジネスはないんでしょうか。

松本　確かにありますが、そういう人たちはもうインド工科大には行かないですね。そういう人たちは、アメリカやイギリスに行っているので。

西岡　ああ、そういうことか。インド国内の受験の大変さから逃れて海外に行くんですね。そういう流れは日本と同じかもしれません。ちなみに、インド工科大を出てＧＡＦＡＭに就職する人の話が第３章にあったじゃないですか。年収が莫大な金額になるような人たち。彼らはインド国内でずっと生活するんですか？

松本　いくつか分岐があります。まず、私が知っている限り、超トップ層はそもそもインドから出ていきます。

次点が、インドのインターナショナルスクール、例えば高校からアメリカンスクールで、大学から海外に行く人たち。スタンフォード、ハーバード、ロンドン、オックスフォードあたりです。
で、その次のがインド国内のトップ、つまりインド工科大の学部や大学院です。彼らは卒業して就職するタイミングで、グーグルから超高額のオファーをもらってサンフランシスコに引っ越す人もいれば、そのままインドに留まる人もいます。
でも、インドで本当に賢いと思った人たちやエリート層は、どこかのタイミングでアメリカやイギリスに行っている印象です。

西岡　やっぱりそうなんだ。

松本　外資のマッキンゼーやグーグル、アドビとか、世界にオフィスを持っている会社のデリーオフィスやバンガロールオフィスに入って、社内転籍してニューヨークに行くとか、シンガポールに行くとか、インターナショナルな環境で仕事をする中で、グローバルマインドが培われていったり、英語もだんだん洗練されていく……。とはいえご親族・両親との結びつきが強い国でもあるので、家族のことも含めてインドに最終的に帰ってくる人もたくさんいるんですけど、やっぱり一度二度は海外に出ていく、という大きな流れはあるように思います。

西岡　日本と違って、言語的な壁も少ないですもんね。

松本　そうですね。インド英語ってかなり訛《なま》っていて大変とはよく言われますし、実際にそういうケースも多々あります。インド英語は（難易度が高すぎて）「もはや英語ではない」「英語界のメジャーリーグ」と形容していた人がいて、思わず笑ってしまったのですが、そういう側面もあるかもしれないと思う部分も確かにあります（笑）。ただ、これは私個人の感想ですが、海外に出た経験を持っているインドの方って英語が洗練されてくる印象があって（インド人に限ったことではないですが）、割と問題なく会話できるという感覚ですね。色々な国の人に伝わりやすい英語を話すことは、インド人や日本人に限らず、インターナショナルな舞台で仕事をする中で、誰もができるようになっていくことですが、アメリカやイギリス人のネイティブ英語が唯一の正解というよりは、**誰が聞いても理解しやすい、発音もフレーズも簡潔な印象で、インターナショナルなビジネス英語という意味で洗練されている感じ**ですね。ですので、「この人は訛りが少なくて洗練されているな。経歴を見ると、ああ、あそこの外資で働いていた方なんだな」とか、「この人は綺麗な英語だな、と思ったらやっぱり中学からインターナショナルスクールだったんだ」などとわかります。

日本がインドから学ぶべきこと

西岡　今までインド爆進について聞いてきましたが、インドから日本が見習うべきだと思うところはありますか？

松本　日本が見習うところの前に、まず日本のいいところの話をさせてください。というのは、私はインドで暮らし、教育の仕事をするようになって、**日本の教育って素晴らしいなと思えるようになった**からです。

まず何かといえば、人口が1億人以上いる国で識字率がほぼ100％、全員が四則演算できるって、確か日本だけらしいんですよね。そして国際的に見れば民度が高く、どこに行ってもどの街もむちゃくちゃ綺麗、空気も綺麗でご飯も美味しくて、水道水も飲めて……みたいな。何より、ＰＩＳＡの世界教育ランキングでずっと最上位を取り続けています。１位じゃなくなった、日本の学力が落ちたと過去に言われた時もありましたが、どこに負けているのかと最新データを見てみると、シンガポール、香港、マカオ……といった具合です。シンガポールは都市国家ですし、そもそも香港やマカオって国ではないですよね。これだけの人口規模で世界トップレベルの学力・リテラシーを維持できているのは、国民全体の平均水準が高いからです。そして、その理由の１つには、日本の小中高の学校教育が公教育も私教育も含めて相当しっかりしていることがあると思います。今や小中学校では全員に一人一台ずつ端末も入っていますしね。すごいことだと思いますよ、本当に。

いろいろな国で教育事業をやってきている身として思いますが、インドと比べてのみならず、日本の小中高のクオリティは、世界に誇っていいレベルだと私は強く思います。

もちろんインドでも日本でも、首都圏と地方だと全然環境が違うとか、同じ地域でも私立と公立でだいぶ状況が違うとか、高額な塾や予備校に行ける人は限られているよとか、いろんな差はあります。だから「日本」という括りで一概にはこうと言えない部分もあるんですけれど、総じて**「平均水準を高いレベルで保つ、増やす」**という観点において、日本の学校教育が果たしている役割はかなり重要で、そこには世界最高水準と言っていいくらいの誇りを持てると思います。逆に言えば、「出る杭を育てる」と言いますか、世界に通用するトップレベルの人材を少数でもいいから育てるという面は、インドの教育と比較した時に、日本はちょっと余白があるのかもしれません。

西岡　誰も取り残さない教育、という標語がありますしね。

松本　まさにそれですね。学校の先生方の仕事も、総じてすごく高いクオリティが保たれていると思いますし、逆に言えば色々な業務をやりすぎている、そこまでしなくていいレベルで先生が責任を負ってしまっているがゆえに、日本の先生が世界一忙しいと言われたり、実際にバーンアウトしてしまう先生がいたりするといった問題には向き合わないといけないですが。例えば、家庭訪問って、インドで説明しようとしても全く理解されないんですよね。「先生が自分の家に来る……なんで?」「教員一人一人が、そこまで生徒一人一人に対して丁寧にフォローしている……すごすぎる」と。

繰り返しますが、インドの方々と話すと、**「なんでそんな悲観的なんだ、日本はめちゃ**

くちゃいい国じゃないか」と言われるんですよ。そう言ってもらえる機会が増える中で、私自身は、確かに言われてみれば日本っていい国だよな……と改めて思えるようになってくる一方で、逆に日本にいると「日本はもう落ち目で……」という悲観論を目にすることも多い。確かに日本は今、ちょっとスタックしているように見える部分もあるのかもしれないけれど、それでも、本書でここまで書かせてもらってきた通り、日本ってまだまだいいところもあるかも、とインドを含めた海外で暮らす中で感じるようになりました。

西岡　なるほど。

松本　一方で、西岡さんの質問である「日本がインドを見習うべきだと思うところ」を考えると、先ほど少し触れた**「出る杭を伸ばす」ことへの余白は少しあるようにと思う**のと、加えて、何かを始める・トライすることへの心理的ハードルの低さもあるかもしれないですね。第2章に書いたジュガール精神もそうですが、「1階から4階はまだ工事中なんだけど、5階は大体完成した模様なので、もう営業を始めてますけど、何か？」みたいなインドの精神性は、少し見習ってもいいかもしれない。ビルは崩れないで欲しいですが（笑）。そういう精神面を一つ取ってみても、**インドはスタートアップや起業への受容度が、非常に高いんじゃないか**と思います。

日本でスタートアップを起業するというと清水の舞台から飛び降りるみたいな、一か八かで目をつぶってダイブするみたいなイメージもありますが、言い方を変えて「何かにトライをする」と変換すると、もうちょっとライトな印象がしますよね。変な言い方ですが、インドにおいて起業は気軽な、クラスで席替えするくらいのことに近いと思うんです。

西岡　「席替え」はすごい表現ですね。

松本　言いすぎたかもしれません……。でも、とりあえずやってみて上手くいかなかったら別に違うことすればいいよね、という考え方なのは本当です。著名な企業家もおっしゃっておられる**「別に何か失敗したところで、失敗したことを気にするのは自分だけだ。だから気にせずやりたいことをやればいい」**という意識が日本人には少し欠けているのかな、とは思います。多くの人は成功してないし、成功したら初めて色んなところで知られたりとか、色々言われたりするけど、ちっちゃく失敗することで気にすんのって本当はお前だけだぞ、っていう。

逆に、**小さな失敗は気にしなくていいというか、誰も気にしていない**、というのがインドの国民性の一つにあると思います。そういう意味で、スクラップアンドビルドとも言われたり、小さな修正・改善をどんどん回してサービスを磨いていこうとするＩＴ系のサービスの進化発展のプロセスと、インドにおけるジュガール精神の相性が抜群にいいと思っていて、それも一つ昨今のインドにおける経済発展の大きな背景の一つになっているのかもしれないな、と明確に思うところです。

受験体験がスタートアップへの挑戦につながる

西岡　死ぬような体験をした人は「ビジネスは死なないから頑張ろう」と思える、と言いますよね。生死を賭けた大きな挑戦をした人ほど、他の挑戦が小さく見えるから新しい挑戦をしやすいわけですけど、受験もそういう「大きな挑戦」にあたるんじゃないかと思うんです。
つまり、インド人は10代の最後で受験を死ぬほど頑張る、大ジャンプをするという経験があるからこそ、スタートアップでも気軽に挑戦できるのではないかな。受験経験もジュガール精神とつながってるんじゃないかと思います。

松本　それはあるかと思います。僕は日本の英語推薦入試が悪いとは全く思わないし、いろんなオプションがあって全然いいと思うんですけれど、10代の多感な時期に「一つのことをやりきる」という経験は大切なものだと思います、スポーツでも音楽でも勉強でもなんでもいいんですが。
でも、何かを頑張りきった経験があると、そこが一つのベンチマークとなって、次も頑張りやすくなるかもしれないですね。

西岡　そうですよね。松本さんのお話を伺っていて、インドの強さの源泉はやっぱり教育にあると思ったんです。挑戦しやすいようにしている、挑戦をアテンドしてくれている。それが行き過ぎて、大変なことにもなってますけど。

松本　そこはコインの裏表です。でも、過渡期ならではの話なんでしょうね。インドの人は周りから学ぼうとする姿勢がすごく強いです。さっき、インド人は日本を「いい国だ」と思ってくれていると話しましたが、ある部分では日本人以上に日本のことをよく知っている印象もあって、例えば「パナソニックってそもそもこういう会社だったよね」とか、「ソニーって元々家電中心だったけど、今は金融などにピボットしていて」とか、そういう企業への感度も非常に高いんですよね（インド人に限った話ではないですが）。逆に日本人のほうが日本を知らないこともある。例えば日常的なところだと「お疲れさま」を英語で何と言うか、みたいな質問に多くの日本人は答えられないですよね。

自分たちがこれからこう伸びていくよ、良くなっていく、良くしていこうというモチベーションやマインドセットがベースにあるからか、いろんなことに素直に学びに行こうとする姿勢は、僕がインドの人から学んだ大きなものですね。

西岡　なるほど。

松本　もちろんインドの素直さは、日本に対してだけじゃなくて、いろんな知識、いろんな経験に対してなんでしょうけど。頑張った分だけ国や自分たちが良くなっていくことに疑いがないから、彼らにとって**新しいことを学ぶことと、自分の将来や自分の家族の生活が良くなっていくことがほぼ同義でつながっている**んでしょうね。そして実際につながっていると思います。日本でも同じはずなんですけれど、インドではそれをありありと実感できるがゆえに、何か新しいこと、新しいチャレンジ、新しい知識への飢餓があるんでしょう。

西岡　飢餓感、貪欲になる度合いですね。

松本　そうですね。それが日本と違うと思います。

「普通」「当たり前」がないインド

松本　あと、インドから私が学んだものの中で地味に大事だと思っているのは、「意外と世の中は適当でも回っていくな」という感覚です。インドで新しく出たアプリや機能を使っていると、「マジでこれ、ベータ版か!?」「おいおいプロダクトチーム、これ本当にリリース前にテストしたのか？」みたいなものがあります。例えば、日本で言うウーバーイーツみたいなサービスを運営している大きな規模の会社でも、例えば「このボタンを2回押したらちゃんと動くんだけど、1回だけ押しても動かない」とか、「長押しすると注文できる」というケースがあったりする。そんなものでいいのかと思っちゃいますし、事実そういう時にX（旧Twitter）を見ると不平不満の怒号が飛び交っているので（笑）、インド人も怒ってはいるんでしょうけれども、**それでも世界は毎日回っていくんだな、**というのを見ていると、なんと言いますか、日本でももう少し、いい意味で肩の力を抜いて、いい意味で「適当に」生きていてもいいのかも……と思うところはありますね。もちろん、インドでも問題点は日々直して改善されてはいるんですけど。

西岡　日本ってそういう「安かろう悪かろう」があんまりなくて、「ちゃんとしなきゃ」みたいな意識がありますよね。どんなに安くてもちゃんと対応しなきゃならないという社会通念があるから、安い金額でいいサービスが受けられているけど、逆に言うと求められるクオリティが高い。

松本　そうそう。よく言われるんですけど、インドにはスタンダードがない。「一般的に」、英語で言うと“Generally speaking....”と口走ってしまおうものなら、Co-Founder のインド人から、“Hey, Yo, there is no standard in India.（おい陽、インドには一般なんてないよ）”という言葉が飛んできます。

西岡　「一般なんてない」ですか。それは面白いですね。

松本　インドって確かに「大体これぐらい」というものがないんですよ。めちゃくちゃな大富豪もいれば、めちゃくちゃ貧しい人もいるし、デリーとグルガオンやバンガロール、ハイデラバードも全然違う。パラメーターが多すぎるんで、「普通」がない。
　そういう意味では、僕も日本生まれ日本育ちの人間なので、大体の基準みたいなものを求めたがって「このくらいが75点？」などと気にするんですけど、それがないインドは、実は結構気楽なのかもしれないです。

西岡　「普通」とか、それこそ"generally speaking"がないんですね。

松本　「正しい」もですね。もし「普通」「一般」「正しさ」を求めるなら、厳密に要件を決めて、「北インドの、デリーにおける、教育という産業領域の中の、アッパーミドル層の、これこれこのセグメントにおいては正しい……かもしれない」みたいな言い方になります。

だから結局、1つ1つ気にしていても意味がないから、だれが正しいなどと気にせず、**自分が信じるようにというか、Follow Your Heartというか、自分の心が赴くままに生きていられたら、それが幸せなのかな**、と。

西岡　すごく面白いです。インドという近いようで遠い国に、日本が学ぶべき点はたくさんありますね。

おわりに

いかがでしたでしょうか？　みなさまにとってインドという国のイメージは、この本を読んでいただく前後で、何か変化した部分はあったでしょうか？　同時に、日本という国に対するイメージについても、何か更新された部分はありましたでしょうか？

インドと日本は、互いの強みを学び合える関係にあると私は思っています。本編で述べましたが、日本はインドから、変化を恐れないチャレンジ精神や、新しいことを学ぼうとする貪欲さを。インドは日本から、質の高い教育システムや、細部まで配慮の行き届いたものづくりの精神を。この二つの国が協力関係を深めていくことで、アジアの、そして世界の未来はより豊かなものになっていくのではないでしょうか。

もちろん、インドの発展は明るい側面ばかりではありません。極端な格差社会、インフラの未整備、環境問題など、解決すべき課題は山積しています。特に大気汚染の問題は深刻で、受験競争の過熱化がもたらす弊害や教育格差の問題にも、国家レベルで対策を講じている状況です。それでも、インドという国には、私たちの想像をはるかに超える可能性が秘められていると言ってよいでしょう。14億人の人口、豊富な若年層、そして何より「**より良い未来は必ず来る**」「**むしろ自分たちが、自分が、その明るい未来を創るのだ**」という**強い信念**。これらはインドの発展を支える大きな原動力となっていると思います。

2025年、インドのGDPは日本を追い抜くと予測されていますが、これは日本の衰退を意味するものではありません。むしろアジアの二大国である日本とインドが、それぞれの強みを活かしながら協力関係を深めていく、そんな新しい時代の始まりと私は捉えています。私がその架け橋の一つになれるのであれば、それはもう望外の喜びです。

最後に、本書の執筆にあたってお世話になった方々へ、心からの感謝を申し上げたいと思います。

まず、この本を書くきっかけをいただいた西岡さん、そして編集をご担当いただいた星海社の片倉さんに、本当にありがとうございましたとお伝えさせてください。西岡さんとはリクルート時代に接点があり、それ以来の間柄でしたが、インドから帰国して食事をした際に「え、インドって今そんな感じなんですか？　めちゃめちゃ面白いので本にしませんか？」と言ってもらえたのが、本書を書いたきっかけです。僕なんかが本を出していいのかと二の足を踏んだり、こんな話でも面白い？　と思ったりと自己肯定感の低い松本を、片倉さんとともに「松本さんはご自身の希少性を全く理解していませんよね（笑）」と叱咤激励（？）しながら企画書を書き、原稿執筆にあたっても何度も時間をとって助けてくださいました。片倉さんにおかれましても、いつも丁寧なやりとりをさせていただきましたことに加え、ある会食でご一緒した際に「この本、本当面白い本なんですよ」とまるで一緒にインドで暮らしていたかのように熱を持って語ってくださっていたのが、個人的には本当に嬉しかったです。この度はご一緒させていただけて、本当に光栄でした。

また、ベネッセインディアの立ち上げから共に歩んできた初代取締役のヘマントに、一言では言い表せないくらいの、深い感謝を捧げたいと思います。彼とは、取締役として同僚であったのみならず、私にとっての大切な友人として、これまで様々な話をしてきました。平日のワークタイムのみならず、週末に自宅に招いてくれて食事をしたり、ドライブに行ったり、お互い次の日に何を話したか全く覚えていないくらいウイスキーを飲んで泥酔したりもしましたが、彼から学んだ知恵や思考が、私のインドという国への理解の大きなベースとなっていますし、本書においても重要な基盤となっています。この言葉を言うとあなたはいつも「Hahaha, Same here（俺もだよ）」と返してくれますが、改めて言います、いつもありがとうヘマント。

また、本書にもコメントをいただきました、Global Japan AAP Consulting Private Limitedの代表取締役社長である田中さん、サグリ株式会社の永田賢さん、ＪＥＴＲＯニューデリー支局（当時）の酒井さんをはじめ、私のインドでの暮らしにおいて接点を持ってくださった日本人の方々には、仕事面のみならず生活面でも本当に多方面でサポートいただき、どれだけ感謝してもしきれません。特に、学生時代からの知り合いだった永田さんは、私がインドに行くと話した時に「僕が信頼する、在インドの友人を紹介します」と、何人もの人をばばばっとつなげてくださいました。私がインドでの生活において寂しい思いをせずに済んだのは、この時に紹介していただいたご縁が、大きなウェイトを占めています。

何より、様々な産業の様々なお仕事に従事されている方々とのご縁の中で、常に、自分の接している「インド」はいかに限定的で、インドという国の全体を理解できているわけでは決してないのだと実感を持って理解できる機会をいただいています。

他に、名前を挙げきれない多くのインドの同僚、友人、そしてビジネスパートナーの方々にも感謝申し上げます。特に、学校でお世話になった先生方、生徒のみなさん、そして保護者の方々には、インドの教育の実態について多くのことを教えていただきました。特に、ベネッセインディアの代表取締役社長を務め、経営ボードとしてご一緒させていただいたベネッセグループCSO（最高戦略責任者）の上田浩太郎さんには、一生足を向けて眠れないくらい感謝しています。私がベネッセに入るきっかけを作ってくださった方でもありますが、私のベネッセ生活のみならずインド事業において、事業・組織に向き合う経営ボードの一人として、当然いつもが順風満帆ということもありませんでしたが、自由にのびのびとチャレンジをする機会をいただけ、上司である以上に、公私ともにメンター的な存在でもありました。

そして最後に、妻と3才の息子に。結婚する前はマニラと東京を往復する生活をしていた私ですが、結婚したその翌々年にはロンドンに単身留学、ようやく帰ってきたと思ったら今度はインドインドと言い出す旦那を、息子が生まれたばかりにも関わらず応援してくれ、現在も独立して会社をやりながら複業で色々と手を拡げる多動な私を、呆れつつも見捨てずにいてくれ……て……ますよね？（笑）二人の理解と支援なしには今の私はありません。いつもありがとう。

本書を読んでくださった方々が、インドという国に少しでも興味を持ち、そして日本の可能性について改めて考えるきっかけとなれば、これに勝る喜びはありません。そして何より、インドと日本、この二つの国の関係が、今後ますます良い関係性の中で、より近く、そしてより深まっていくことを願ってやみません。

教育超大国《きょういくちょうたいこく》インド　世界一《せかいいち》の受験戦争《じゅけんせんそう》が世界一《せかいいち》の経済成長《けいざいせいちょう》を作《つく》る

二〇二五年一月二十七日　第一刷発行

著者　松本陽《まつもとよう》

発行者　太田克史《おおたかつし》
編集担当　片倉直弥《かたくらなおや》
企画　西岡壱誠《にしおかいっせい》

発行所　株式会社星海社
〒一一二-〇〇一三
東京都文京区音羽一-一七-一四　音羽YKビル四階
電話　〇三-六九〇二-一七三〇
FAX　〇三-六九〇二-一七三一
https://www.seikaisha.co.jp

発売元　株式会社講談社
〒一一二-八〇〇一
東京都文京区音羽二-一二-二一
（販売）〇三-五三九五-五八一七
（業務）〇三-五三九五-三六一五

印刷所　TOPPAN株式会社
製本所　株式会社国宝社

アートディレクター　吉岡秀典《よしおかひでのり》（セプテンバーカウボーイ）
デザイナー　五十嵐《いがらし》ユミ
フォントディレクター　紺野慎一《こんのしんいち》
図版　ジェオ
校閲　鷗来堂《おうらいどう》

ISBN978-4-06-538648-4
Printed in Japan

325
SEIKAISHA SHINSHO

次世代による次世代のための

武器としての教養
星海社新書

星海社新書は、困難な時代にあっても前向きに自分の人生を切り開いていこうとする次世代の人間に向けて、ここに創刊いたします。本の力を思いきり信じて、**みなさんと一緒に新しい時代の新しい価値観を創っていきたい。若い力で、世界を変えていきたいのです。**

本には、その力があります。読者であるあなたが、そこから何かを読み取り、それを自らの血肉にすることができれば、一冊の本の存在によって、あなたの人生は一瞬にして変わってしまうでしょう。**思考が変われば行動が変わり、行動が変われば生き方が変わります。**著者をはじめ、本作りに関わる多くの人の想いがそのまま形となった、文化的遺伝子としての本には、大げさではなく、それだけの力が宿っていると思うのです。

沈下していく地盤の上で、他のみんなと一緒に身動きが取れないまま、大きな穴へと落ちていくのか？　それとも、重力に逆らって立ち上がり、前を向いて最前線で戦っていくことを選ぶのか？

星海社新書の目的は、**戦うことを選んだ次世代の仲間たちに「武器としての教養」をくばることです。**知的好奇心を満たすだけでなく、自らの力で未来を切り開いていくための〝武器〟としても使える知のかたちを、シリーズとしてまとめていきたいと思います。

2011年9月

星海社新書初代編集長　柿内芳文

SEIKAISHA SHINSHO